BUZZ

# DO ZERO AO MILHÃO

COMO TRANSFORMAR SEU SONHO EM UM NEGÓCIO MILIONÁRIO

Publisher ANDERSON CAVALCANTE
Editora SIMONE PAULINO

Projeto Gráfico DANIELE GAUTIO
Revisão MARCELO LAIER E JORGE RIBEIRO

Dados Internacionais de Catalogação na Publicação (CIP)
(Câmara Brasileira do Livro, SP, Brasil)

Wizard, Carlos
Do zero ao milhão / Carlos Wizard. -- 1. ed. --
São Paulo : Buzz Editora, 2017.
ISBN: 978-85-93156-07-6
1. Empreendedores - Memórias autobiográficas
2. Empreendedorismo 3. Histórias de vida 4. Martins,
Carlos Wizard, 1956- 5. Sucesso em negócios I.
Título.

17-02159 CDD-338.092

Índices para catálogo sistemático:
1. Empreendedores : Memórias autobiográficas 338.092

Buzz Editora
Av. Paulista, 726 - Mezanino
Cep: 01310-100 São Paulo, SP

[55 11] 4171-2317
contato@buzzeditora.com.br
www.buzzeditora.com.br

# DO ZERO AO MILHÃO

COMO TRANSFORMAR SEU SONHO EM UM NEGÓCIO MILIONÁRIO

**CARLOS WIZARD MARTINS**

Dedico esse livro a você
que possui no fundo da alma o desejo
de vencer empreendendo até realizar
seus sonhos mais ousados.

# PREFÁCIO

No ano de 2008, uma figura mítica entrou na minha sala. Era uma pessoa de quem eu tinha ouvido falar apenas pela imprensa, pelas histórias de outros colegas concorrentes a respeito daquele que, sem que ninguém esperasse, começou a comprar todo mundo. A pergunta que pairava no ar era: de onde ele tira tanto dinheiro? Bem, ele entrou na minha sala porque tínhamos uma reunião marcada. Eu não sabia o assunto. Quando ele me ligou, disse-me tão somente, com sua entonação de locutor de rádio: "Grande Flávio Augusto, tenho ouvido falar muito bem de você. Gostaria de visitá-lo em Curitiba para tomarmos um chá". Eu não quis nem perguntar o assunto e marcamos o encontro.

Muito cordial e atencioso, ele entrou elogiando a nossa sede em Curitiba. Um prédio recém-construído por nós, a partir de onde comandávamos nossa rede. Carlos Martins não perdeu tempo. Foi direto ao assunto. Ele dizia assim: "Flávio, ambos construímos o nosso negócio do zero. Fomos acostumados a trabalhar muitas horas por dia para aumentarmos o número de matrículas, reduzirmos os custos e melhorarmos nossos resultados. Foi assim que você e eu nos tornamos quem somos hoje. Porém, meus filhos voltaram dos EUA e, desde então, eles me apresentaram um mundo que eu não conhecia. Neste mundo, existe uma riqueza disponível para todos nós. Basta decidirmos pegá-la, pois é nossa. Essa riqueza não está no dia a dia da operação, não está em tudo aquilo que por anos nos acostumamos a fazer. Essa riqueza está no valor de nossas empresas e em como podemos multiplicá-lo." Eu achei aquele papo meio estranho, um tanto abstrato e hipotético, mas continuei a ouvi-lo, pois além de bem gentil e educado, Carlos é um excelente orador. Como tem uma veia de professor muito forte, cada conversa com ele ganha contornos de uma aula. Eu simplesmente continuei a escutar.

O que ele estava querendo me dizer naquele momento, e que eu compreendia não mais do que a metade de sua profundidade e alcance, era que existia uma riqueza muito maior do que aquela que eu conhecia e já estava à minha disposição. Desde que ingressamos no sistema convencional de ensino somos treinados para sermos empregados das fábricas e grandes empresas. Não é por acaso que o modelo convencional de educação formal, da forma como nós o conhecemos hoje, foi criado na época da Revolução Industrial. Afinal, as fábricas, para ocuparem suas linhas de montagem, precisavam de mão de obra. Para tanto, era necessário também criar uma linha de montagem a fim de treinar esses futuros empregados. Assim nasceu a escola como se conhece hoje.

Sendo empregados, vendemos tempo. É exatamente isso o que um empregado faz: vende tempo. Em outras palavras, em troca de 44 horas por semana de trabalho, ao longo do mês, o empregado recebe uma compensação chamada salário. Esta é a forma de vida que já existia quando nascemos. Por isso, a maioria simplesmente segue este modelo sem fazer questionamentos. Como se pelo fato de ter sido sempre assim, assim deva ser. É o destino!

Alguns, por desejarem mais liberdade e cultivarem um desejo maior de oferecer uma vida melhor para suas famílias, resolvem assumir alguns riscos para trabalharem por conta própria. Eles enxergaram que, com pequenos comércios, podem ganhar mais e serem donos de seu tempo. Em vez de venderem tempo, passam a vender produtos.

Como nosso tempo é limitado, já que, afinal, temos apenas 24 horas no dia, vendendo produtos pode-se aparentemente alcançar maior escala.

Em meio a vários empreendedores que construíram o seu pequeno negócio com êxito, alguns vão demonstrar mais perspicácia e vocação para voos maiores. Eles vão criar algum modelo que lhes permitirá expandir e quem sabe vender seus produtos em outras regiões, estados e cidades. Este pequeno grupo vai experimentar uma escala maior, será mais exigido, mas por outro lado será mais premiado. Serão donos de uma rede, de um grupo de filiais ou até de um pequeno império. Era neste patamar que eu me encontrava, quando Carlos entrou pela minha sala com aquele papo estranho.

Depois daquela conversa, meu cérebro foi estimulado a pensar em outro tipo de jogo. Um jogo bem diferente daquele que eu tinha jogado até então, mas que me deixou muito intrigado, pois, segundo Carlos, oferecia prêmios valiosos. Aquela tal riqueza disponível. O que Carlos tentava me explicar é que, da mesma forma que um dia eu deixei de vender tempo e passei a vender produtos, eu poderia deixar de vender produtos e vender ações, *equity*, ou seja, eu poderia escalar o valor do meu negócio através de outra modalidade, ou melhor, de um outro nível de atuação mercadológica que envolveria outros *players* como bancos, fundos, escritórios especializados em fusões e aquisições e até um possível IPO (oferta de ações na Bolsa de valores).

O fato é que à época eu não estava nem um pouco preparado para aquela conversa. Logo percebi que Carlos estava em outra galáxia. Eu, que era muito competitivo, olhava para a escola dele e pensava "seremos maiores do que eles", saí da conversa entendendo que eles estavam em outro patamar, o que justificava a oferta que recebi naquele dia de junho de 2008: 200 milhões de reais pela compra da rede Wise Up. Definitivamente, eu não estava sequer preparado para manter aquela conversa. Mesmo não tendo aceitado a proposta feita, aquele primeiro contato deu muitos frutos. Além de termos nos tornado amigos e com um grande respeito mútuo, mais duas propostas para a compra da Wise Up aconteceram na sequência: uma de 700 milhões de reais em 2010 e outra de 1 bilhão de reais em 2012. Entre 2008 e 2012, estudei bastante sobre fusões e aquisições. Entendi que precisava evoluir e passar a ter acesso a esta riqueza pouco percebida pelos que são engolidos pelo dia a dia, em que acontecem as demandas de uma operação de uma grande empresa. Fiz meu trabalho de casa, que resultou na venda da Wise Up em 2013 e em todas as operações que aconteceram a partir daquele ano, como a compra do time de futebol Orlando City, a fundação do meuSucesso.com e a própria recompra da Wise Up. Todas essas operações ocorreram com base na inesperada aula que tive quando Carlos entrou na minha sala em 2008 e também graças às várias reuniões que tive com Charles Martins, um dos filhos de Carlos que trabalha na liderança de suas empresas.

O mais curioso é que o maior patrimônio construído entre nós foi a confiança, a admiração e o respeito. Tudo isso resultou num surpreendente capítulo de nossas vidas, que está descrito nesse livro.

Carlos é uma referência de ousadia. Uma das pessoas mais ousadas que eu conheço. Seu apetite alimenta a minha motivação e também me contagia para querer mais da vida. Carlos tem em sua família a base de suas prioridades e em seu senso de missão o propósito que move a sua vida. Nunca foi tão simples ter acesso ao padrão mental de um bilionário que tem em suas veias o sangue de um professor que, certamente, vai fazer você passear pelas páginas desse livro como se fosse uma aula ministrada por aquele tipo de professor apaixonado que faz com que assuntos complexos pareçam ser bem simples. Foi essa a sensação que tive com a aula que ele me deu em 2008 quando me visitou em Curitiba.

Desejo a você uma boa leitura.

**Flávio Augusto da Silva**
Empreendedor e escritor

Todo empresário bem-sucedido
tem uma relação de amor
com seu negócio.

Todo empresário bem-sucedido tem uma relação de amor com seu negócio. Comigo não é diferente. Eu sempre dizia que a primeira empresa que fundei, a maior rede de escolas de idiomas do mundo, era como uma filha. E olha que de filho eu entendo, pois sou pai de seis e tenho dezesseis netos. Comecei dando aulas de inglês em casa e cheguei onde eu jamais imaginei chegar na vida. Em meu caso, essa relação foi tão forte que após um ano do início da empresa resolvi adotar o nome da escola em meu nome civil. Uma forma de expressão do quanto acreditava no sucesso da empresa, que começou na sala da minha casa, na década de 1980. Isso mesmo! Eu não contava com nenhum tipo de estrutura. Ensinava inglês, mas o meu pobre saldo bancário daquela época era insuficiente para montar uma escola com todos os recursos necessários ou mesmo alugar um pequeno espaço. Tive que improvisar e comecei a dar aulas na sala de minha casa. Em primeiro lugar, tenho uma gratidão muito grande por minha esposa Vânia, que sempre esteve ao meu lado desde o início do projeto, não apenas me dando apoio moral, mas acima de tudo trabalhando ao meu lado sem medir esforços. Também tenho uma dívida de gratidão com aqueles meus primeiros alunos. Eles nunca exigiram de mim uma estrutura maior ou mais recursos técnicos para o seu aprendizado. Queriam tão somente aprender inglês. E isso eu sabia muito bem como ensinar. Sempre me considerei um bom professor. Ou melhor: acredito ser um ótimo professor, pois criei uma metodologia inovadora que auxiliou milhões de alunos a dominar o inglês de forma simples e descomplicada. Eu acompanhava com satisfação a evolução de cada aluno e vibrava quando passavam a dominar o idioma. Nada pode ser mais gratificante para quem ensina. No fundo, acredito ser a educação a minha verdadeira paixão e vocação. Com toda essa vivência e experiência acumuladas, considero que tenho muito a contribuir para o processo de aquisição de uma segunda língua. Porém, naquela fase modesta da minha trajetória profissional, eu ainda não tinha noção de que aquelas aulas seriam o embrião de um negócio que se tornaria milionário duas décadas depois. Ou melhor: bilionário. É muito raro um jovem empreendedor, ainda em sua primeira empreitada, conseguir visualizar todo o potencial do negócio que ele está começando. O que existe é um sonho ainda nebuloso, um desejo de alcançar o sucesso, embora esse sucesso não tenha uma dimensão claramente definida. Quando vi minha casa cheia de alunos, comecei a pensar mais concretamente na ideia de abrir uma escola de inglês. Mas como um jovem sem experiência para empreender poderia antever com precisão o número de alunos que essa escola deveria ter para ser viável? Ou ainda, que faturamento mensal poderia alcançar? Quanto eu precisaria investir? Mas investir o quê? Naquele momento, eu mal tinha dinheiro para passar o mês. A verdade é que as coisas foram acontecendo ao longo do caminho. Tomei coragem, saí de Mogi Guaçu, onde eu trabalhava numa multinacional, me mudei para Campinas e aluguei uma casa no Cambuí, o bairro mais chique da cidade. Montei a escola na parte da frente do imóvel, e deixei dois cômodos nos fundos para acomodar minha família, ou melhor, para amontoar a família. Na época, meus filhos gêmeos tinham sete anos de idade e minha esposa acabara de dar à luz nossa filha Thais. Vivíamos, portanto, num pequeno espaço, apertados, sem o mínimo conforto. Apenas uma parede separava a escola do quartinho onde morávamos. Aquela situação era o preço do sonho grandioso.

O meu maior mérito naquela época de grandes limitações talvez tenha sido manter a chama da esperança acesa. E ao mesmo tempo manter meu foco no essencial: o desenvolvimento da rede e o zelo pela qualidade do ensino e o bom relacionamento com meus queridos franqueados. Aliás, considero o relacionamento amistoso numa rede de franquias a química essencial para perpetuar uma relação comercial próspera, lucrativa e satisfatória em todos os aspectos. Com o passar do tempo, essa estratégia se mostrou certeira. Com muito trabalho, poucas horas de sono e quase nenhum tempo para minha família no início, nascia ali o embrião do que viria a ser no futuro a maior rede de escolas de inglês do planeta.

Desde o começo, eu tratei minha empresa com todo o carinho do mundo. Sentia orgulho do seu crescimento. Vibrava com os resultados que os professores e franqueados obtinham. Às vezes, eu tinha dúvidas se estava tomando as decisões certas para garantir seu crescimento forte e sustentável. E me ofendia, como qualquer pai, quando alguém duvidava da minha "filha". Fui muito criticado, por exemplo, quando lancei o slogan "Fale inglês em 24hs". Eu sabia, no entanto, que essa chamada iria atrair muitos alunos. Era uma estratégia de marketing para promover o crescimento da escola. Procurei desconsiderar as críticas e confiar em minha intuição. Deu certo. O final dessa história é de conhecimento público. A escola cresceu de forma rápida e consistente, especialmente por ter me associado a excelentes professores e franqueados que promoveram a expansão do negócio.

Charles e Lincoln, meus filhos gêmeos, começaram a trabalhar ao meu lado em 2003. Jovens e com uma visão moderna sobre gestão, rapidamente demonstraram competência para assumir grandes responsabilidades e ajudar o negócio a se expandir. Foram eles que me incentivaram, após sua formatura nos Estados Unidos, a comprar outras escolas de idiomas como Yázigi e Skill e a apostar numa estratégia de consolidação do setor através de aquisições. Decidimos em conjunto abrir ainda mais esse leque e apostar na aquisição de outras empresas da área da educação, mais especificamente de cursos profissionalizantes. Adquirimos a Microlins, a S.O.S Computadores, a Bit Company e a People. Foi assim que se formou o Grupo Multi, a maior *holding* do Brasil no setor de educação.

No ano de 2013, os negócios estavam indo muito bem. Tínhamos mais de um milhão de alunos que estudavam em 3 mil unidades e empregávamos 50 mil pessoas. Não passava pela minha cabeça a possibilidade de que alguém pudesse nos procurar e fazer uma oferta para comprar o Grupo Multi. Pois foi justamente o que aconteceu. O grupo britânico Pearson, que à época era controlador do jornal de negócios Financial Times e gigante do setor de educação, nos procurou com uma oferta, digamos, irrecusável. Ofereceram quase R$ 2 bilhões pelo Grupo Multi. Meus filhos costumam dizer que muita gente gosta de imaginar ou supor o valor de sua empresa. Poucos, no entanto, recebem um cheque comprovando o valor projetado.

Você deve estar imaginando que, quando recebi essa proposta, eu virei as costas e me recusei a pensar no assunto. Afinal, se eu tinha pelos meus negócios um amor paternal, nem mesmo uma oferta bilionária poderia balançar os meus alicerces. Mas o empreendedor tem que deixar a emoção de lado quando percebe a oportunidade de um bom negócio. Comecei a colocar os prós e contras na balança. Eu me mantive sereno nas reuniões com os negociadores, pois não podia demonstrar interesse. Afinal, aquele poderia ser o negócio de minha vida.

Até aquele momento eu acreditava que a escola seria minha empresa para sempre, tanto que incluí a marca Wizard em meu próprio nome. Mas as coisas mudam. O mercado é dinâmico. É claro que o valor de R$ 2 bilhões oferecido pelos compradores foi impactante, já que não é todo dia que uma empresa alcança um valor de mercado tão expressivo. Além disso, outro fator muito importante pesou na decisão de vender o negócio: se eu dissesse não aos compradores, eles simplesmente iriam embora e fariam uma oferta tentadora a outras empresas do segmento de ensino. E aí, eu ganharia como concorrente uma gigante do setor de educação e dona de um cofre infinitamente maior que o meu, com enorme capacidade de investimento em tecnologia e inovação. Se eu pensasse apenas com o coração, teria recusado a oferta. E, é claro, teria tomado uma péssima decisão. Eu deixaria a condição de líder do setor e ficaria refém dos investidores estrangeiros. Mas a razão prevaleceu e me mostrou que não era hora para sentimentalismo. Eu sabia que eles planejavam entrar de forma agressiva no mercado brasileiro. Assim, meu pragmatismo falou mais alto. Mesmo com um aperto no coração eu deveria agir pela razão e vender meu negócio. Você deve estar se perguntando agora:

– Como alguém pode vender o seu sonho?

Pois você não é o único a fazer esse questionamento. Foi exatamente essa mesma pergunta que Felipe, meu filho caçula, me fez quando anunciei para a família que tinha vendido a empresa. E para aumentar o meu sentimento de vazio, Nicholas, meu outro filho adolescente, emendou:

– Pai, agora você está desempregado?

Fiquei paralisado por alguns instantes. Não imaginava que seria recebido com duas perguntas nada fáceis de serem respondidas. Felipe estava certo: eu vendera o meu sonho. E Nicholas também. De certa forma, estava desempregado, embora sem um problema financeiro iminente. Vânia, minha mulher, não manifestou essa preocupação naquele momento, mas pude ver em seus olhos que ela parecia estar diante de um pesadelo. E por outra razão. Ter o marido em casa 24 horas por dia? Já imaginou? Ela devia estar pensando que eu vestiria o pijama ou uma bermuda e ficaria em casa vendo televisão e dando palpites em tudo: na maneira como ela cuidava da rotina da casa, na forma como estava cozinhando, no jeito como educava os filhos.

Somos uma família religiosa e diariamente antes de nos deitar nos reunimos para orar, agradecemos as bênçãos recebidas e pedimos inspiração e proteção divina. Mas naquela noite não consegui conter o riso e a emoção quando Nicholas orou e disse:

– Querido Deus, por favor, abençoe o papai, que agora está desempregado.

Em silêncio, minha mulher deve ter pedido a mesma coisa. E agora, o que esse homem vai fazer o dia inteiro em casa? Quem me conhece sabe que sou empreendedor por natureza. Eu sabia que voltaria aos negócios cedo ou tarde e que teria novos projetos. Sempre fui uma pessoa confiante em minha capacidade de realização. Com Deus olhando por nós, e muita determinação e trabalho da minha parte, nada daria errado dali para a frente. Dito isso, resolvi tirar um ano sabático para descansar, colocar as ideias em ordem, reorganizar minha vida e recuperar o fôlego. Afinal, após 27 anos de trabalho, eu merecia esse descanso. Durante aquele período viajei muito, cheguei a visitar 45 países. Em determinado momento, tive que interromper o descanso. Meus filhos Charles e Lincoln me informaram que tinham identificado

> Se você sonhar pequeno, terá conquistas pequenas.
> Se você sonhar alto, seus projetos o levarão às alturas.
> O tempo de trabalho é exatamente o mesmo, mas a sua atitude e estratégia precisam ser diferentes.
> Chegou a hora de você sonhar, com mais ambição e ousadia.

uma excelente oportunidade de negócio. Uma empresa com ótimo nome no mercado e com grande potencial de crescimento estava à venda. Eu já a conhecia e consumia seus produtos: era o Mundo Verde, rede de lojas de alimentos integrais, orgânicos e sem glúten ou lactose, além de complementos alimentares, suplementos para atletas e produtos naturais diversos. Interromper o ano sabático não me incomodaria nem um pouco. Eu estava feliz, pois logo estaria de volta ao mundo dos negócios.

Assim que eu e minha família nos sentamos para avaliar a possibilidade de comprar o Mundo Verde, eu me surpreendi com a imediata reação positiva da minha mulher, que sempre foi adepta de uma alimentação saudável. Vânia sempre teve uma visão muito clara sobre a importância de uma reeducação alimentar para gerar bem-estar e qualidade de vida. Com o aval da matriarca da família, e com a viabilidade financeira comprovada, não havia mais dúvidas. Decidimos pela aquisição, pois tínhamos encontrado uma oportunidade com grande potencial de crescimento.

As pessoas costumam me perguntar por que não me aposentei de vez. No meu lugar, dizem, elas simplesmente sumiriam do mapa. Iriam pescar ou viajar ou ainda viver em um sítio ou em alguma casa de praia. Para alguns, seria o paraíso na terra acordar todos os dias sem compromisso profissional algum na agenda. Acho curioso esse tipo de indagação. Em primeiro lugar, o trabalho é para mim uma enorme fonte de realização, satisfação e prazer. Gosto de estar à frente de uma empresa, fazê-la crescer, aumentar suas vendas, gerar empregos e superar desafios. Se você é um empreendedor como eu, sabe o quanto esses fatores motivam a gente. Em segundo lugar, não quero sequer pensar na hipótese de passar o resto da vida sem ter o que fazer. Pode ser bom na primeira semana ou no primeiro mês. Porém, à medida que o tempo vai passando, você vai ficando entediado e angustiado. Não vejo muito sentido em pendurar as chuteiras quando você ainda tem muito a realizar e contribuir para o mundo. Hoje, já com 60 anos, ainda sinto o mesmo entusiasmo de quando dava aulas em casa e sonhava ser dono de uma rede de escolas de inglês. Portanto, nada de me aposentar. Na minha opinião, aposentadoria é para quem não gosta do que faz.

A venda da empresa mudou minha visão empresarial. Obviamente mantive conceitos que carrego comigo ao longo de toda a vida e que foram responsáveis por eu ter alcançado tanto sucesso nos negócios. Não abro mão deles. Mas também agreguei novas experiências. Aprendi muitas coisas, especialmente como valorizar, motivar e auxiliar as pessoas a alcançarem seus sonhos. Eu me sinto gratificado por ter auxiliado centenas de brasileiros a se tornarem prósperos, ricos, novos milionários. Por essa razão, eu me sinto renovado. Nas próximas páginas eu vou mostrar que essa jornada pode ser seguida por alguém como você, que sonha em empreender ou tem um negócio e deseja expandi-lo. Pretendo deixar claro que o esforço que você faz para ganhar mil reais ou 1 milhão de reais ou ainda 1 bilhão de reais é praticamente o mesmo. Algumas pessoas trabalham 14 horas por dia e faturam pouco. Outras trabalham as mesmas 14 horas por dia e estão com a conta bancária recheada. Como isso pode acontecer? Eu afirmo que a diferença reside em alguns fatores essenciais para o sucesso, como por exemplo: A estratégia. A visão de negócios. O senso de oportunidade. A criatividade. O seu modelo mental. O método de gestão. A forma de lidar com as pessoas. O tamanho do seu sonho. Se você sonhar pequeno, terá conquistas pequenas. Se você sonhar alto, seus projetos o levarão às grandes realizações. Como disse, o tempo dispendido no trabalho é exatamente o mesmo, mas a sua atitude e estratégia precisam ser diferentes. Por que então não sonhar com mais ambição e ousadia?

Além das minhas atividades profissionais, dedico parte do tempo a fazer palestras para empreendedores, executivos e estudantes no Brasil e no exterior. Nesses encontros quase sempre me perguntam qual é o segredo do sucesso. A verdade é que não tenho receita pronta ou uma fórmula mágica. Sempre deixo isso claro. O que eu tenho é um método comprovado de gestão capaz de aumentar a eficiência das minhas empresas a ponto de atingirmos valores milionários ou, em alguns casos, até bilionários.

Hoje eu sinto que tenho a obrigação de ir ainda mais longe. Conquistar coisas que ainda não conquistei. Viver experiências ainda não vividas. Digo isso porque todo início de projeto é um caminho muito solitário. Uma decisão certa pode levá-lo ao céu, enquanto uma escolha errada irá conduzi-lo a um verdadeiro inferno, capaz até mesmo de comprometer a sobrevivência da empresa. Felizmente agora eu tenho com quem compartilhar as minhas incertezas, ansiedades e receios. Tenho com quem avaliar se estou tomando a decisão mais acertada, a mais equilibrada e a mais vantajosa. Além de uma equipe de profissionais altamente qualificados, estou me referindo aos meus dois filhos, Charles e Lincoln, que há mais de uma década estão ao meu lado. Nós nos respeitamos, nos completamos e nos relacionamos em plena harmonia tanto no ambiente familiar quanto no corporativo. Administramos atualmente oito empresas em nossa *holding* Sforza, sobrenome de meus avós maternos que vieram da Itália para tentar a vida no Brasil. Mas esse número de empresas seguramente irá crescer, pois neste exato momento em que escrevo estamos prestes a fechar alguns contratos importantes que em breve serão de conhecimento público. Esse método de gestão vem sendo replicado em nossas empresas, sempre com excelentes resultados. Procuramos transformá-las, elevá-las da casa dos milhões de reais de valor de mercado para o patamar dos bilhões de reais. Por esta razão, decidi compartilhar esse método com estudantes, empreendedores, professores universitários, pesquisadores, empresários, executivos e todos que desejam ter seu negócio próprio. Faço isso porque entendo que o empreendedorismo é o maior agente transformador da sociedade em busca da prosperidade e também por ser uma importante contribuição para o mundo corporativo e acadêmico. Trata-se também de compartilhar conhecimento em benefício do seu semelhante, pois de nada adianta querer guardá-lo somente para mim. Eu acredito, por uma série de princípios, que todos saem ganhando quando as pessoas e as instituições têm informações que geram um círculo virtuoso de crescimento e desenvolvimento.

Se eu tivesse encontrado alguém que me transmitisse esses mesmos conhecimentos no passado, certamente eu teria errado menos, acertado mais e tido menos desgaste do ponto de vista emocional e financeiro. Mas aquela era a minha jornada. Acredito que eu tinha que passar por tudo o que passei para descobrir o meu próprio caminho para o sucesso. Passei a conquistar resultados incríveis como números na casa dos dez dígitos, expansão acelerada e reconhecimento mundial. Tudo isso só faz sentido, no entanto, quando você sente orgulho daquilo que construiu ao se olhar no espelho. No meu caso, o orgulho está intrinsecamente ligado à minha missão de vida. O que me move é contribuir com o empreendedorismo do nosso país. Eu me sinto um apaixonado pelo empreendedorismo que acredita na força do brasileiro e na capacidade que cada um tem de tornar seu sonho uma realidade.

Todos querem ter sucesso nos negócios, porém nem todos têm um método objetivo e comprovadamente eficiente para ajudar líderes e administradores de empresas a superarem os seus desafios e vencer no mundo corporativo. Muitas teorias circulam, mas efetivamente há pouco compartilhamento do que acontece na prática quando estamos à frente de um negócio. Quero deixar claro que não tenho nada contra as teorias e tampouco contra o universo acadêmico. Afinal de contas, eu também sou um professor. Elas são importantes e nos auxiliam a organizar as ideias, traçar estratégias, definir rumos, planejar com mais eficiência. Ao longo da minha vida, fiz vários cursos de negócios, alguns excelentes e outros muito fracos. Também li ótimos livros, mas também me deparei com outros que não tinham sentido algum ou que foram escritos por pessoas que nunca tinham empreendido na vida. Portanto, não possuíam legitimidade para afirmar aquilo que estavam dizendo de forma categórica.

Os empresários brasileiros precisam ir mais fundo, conhecer melhor seus negócios, ter um método que contribua de maneira decisiva para o sucesso. Se eu conseguir com este livro dar a minha contribuição para encurtar essa curva de aprendizagem, estarei cumprindo meu papel como mentor. É por essa razão que decidi compartilhar o meu modelo, minhas estratégias, erros e acertos – felizmente com mais acertos do que erros – para que você avalie se eles poderão ser úteis a ajudá-lo na condução dos seus negócios. Quero mostrar como uma empresa pode dar um salto gigantesco e multiplicar várias vezes o seu valor de mercado. Sair da casa de alguns minguados reais para chegar ao primeiro milhão. De uma coisa eu tenho certeza: se eu consegui sair literalmente do zero e atingir meu primeiro milhão, você pode fazer o mesmo. Isso será possível se esse for o seu desejo, se você for capaz de transformar seu desejo num projeto comercial capaz de atingir o mercado em larga escala e finalmente seguir as regras de gestão e modelos financeiros que irei lhe apresentar nos próximos capítulos.

O livro está repleto de conceitos e de exemplos concretos que podem inspirá-lo. Você também tem a possibilidade de aproveitar somente parte daquilo que pode ser útil ou ainda adaptar à sua realidade o que considerar relevante. Não importa. O meu desejo é compartilhar o meu método de gestão e ajudá-lo a vencer. Desejo que este livro contribua de alguma maneira para que você realize os seus sonhos. E quando isso acontecer, esta obra terá cumprido a sua missão. E eu me sentirei ainda mais realizado.

**Boa leitura!**

Se eu saí do zero sem nenhuma orientação e cheguei ao topo do sucesso, você pode fazer o mesmo. Agora você tem o mapa nas mãos.

# 1

## A ESCOLA DA VIDA

Todos nós temos um imenso potencial para enriquecer. Mas para que isso aconteça é preciso desejar profundamente. Pergunte para as pessoas aleatoriamente na rua se gostariam de enriquecer e espere pelo óbvio de todas elas: um sonoro "sim!". As enormes filas nas casas lotéricas não me deixam mentir. A cada semana milhões de brasileiros fazem a sua fezinha na esperança de ficarem milionários da noite para o dia acertando as dezenas sorteadas. E, se nenhum felizardo tem a sorte de acertar os números que levam à fortuna, o prêmio acumula e o número de apostas para o sorteio seguinte dobra, triplica, quadruplica. São indivíduos que sonham em enriquecer graças a um golpe de sorte. Cada um tem a sua estratégia para levar os milhões de reais em jogo: há quem aposte sempre nos mesmos números a vida toda, quem os escolha de acordo com o significado dos seus sonhos e aqueles que preferem reunir os amigos para fazer um jogo coletivo e aumentar a probabilidade de acerto. Após o sorteio vem a frustração. A esperança se renova na semana seguinte. É um círculo vicioso que se repete indefinidamente. As pessoas correm atrás da fortuna, mas muito poucas a alcançam.

Desejar realmente enriquecer é algo mais complexo e profundo do que apenas almejar ter a conta recheada no banco para poder dar adeus ao chefe chato e ao trabalho monótono. Ou ainda, sonhar realizar todos os sonhos de consumo e viver confortavelmente. Nada disso. Desejar enriquecer é buscar esse objetivo com todas as suas forças. É fazer dessa meta um projeto de vida. É aceitar fazer sacrifícios no presente para colher os frutos num futuro relativamente distante. É trabalhar duro, como você nunca imaginou que suportaria. É jamais perder o foco ao longo dessa caminhada, aconteça o que acontecer. É ter a convicção de que Deus sempre estará ao seu lado nessa longa travessia, especialmente nos momentos de maior dificuldade.

Mas essa busca pelo enriquecimento só será legítima, se por trás dela existir um sentido maior. Um propósito elevado. Algo muito mais importante do que o dinheiro em si. Algo que transcenda o aspecto material. Eu sempre acreditei que o meu trabalho e os meus negócios deveriam contribuir de alguma maneira para melhorar a vida das pessoas, da sociedade e do país. Queria – e ainda hoje quero cada vez mais – transformar vidas e tornar o mundo melhor, respeitando as minhas limitações humanas. Quando você alcança esse patamar em sua trajetória profissional e tem o sucesso esperado, o dinheiro surge como consequência natural do trabalho bem feito e do reconhecimento daqueles que o cercam e passam a admirá-lo.

Eu não aprendi essa lição nos bancos escolares, num curso de mestrado ou doutorado e nem em livros de negócios ou de gestão. Sempre valorizei a educação. Também sou um apaixonado por leitura. Não teria escrito este e outros livros se pensasse de forma diferente. Mas a minha experiência pessoal demonstra que nada me ensinou mais do que a escola da vida. Pode parecer simplista demais afirmar isso, mas tudo o que aprendi na infância ao lado dos meus pais e dos meus seis irmãos foi fundamental para me tornar um empresário bem-sucedido. Depois, é claro, fui sendo lapidado pela educação formal que recebi; pela convivência com professores, empresários e mentores que me ajudaram ao compartilhar seus conhecimentos e conselhos e, não poderia deixar de citar, por uma experiência religiosa e espiritual transformadora que recebi por meio dos ensinamentos da Igreja de Jesus Cristo dos Santos dos Últimos Dias. Já contei a minha história de vida no livro Sonhos Não Têm Limites – A trajetória do professor que se tornou um dos maiores empreendedores do Brasil, escrito em coautoria com Ignácio de Loyola Brandão. Agora, gostaria de descrever brevemente a você como tudo aconteceu, pois isso o ajudará a entender minha maneira de pensar, agir, conduzir os negócios e fazer dinheiro. Muito dinheiro.

Nasci em 1956 em Curitiba, no Paraná, em uma família muito humilde. Meu pai, Antonio Oriondes Martins, era motorista de caminhão. Ele rodava todo o estado vendendo café, trigo, arroz, feijão e vários outros produtos para empórios de secos e molhados. Hilda, minha mãe, ficava em casa cuidando dos sete filhos. Eu era o mais velho. Depois de mim, vieram Sônia, Sandra, Célia, Luis, Oriondes e Sérgio. Morávamos numa casa simples, feita de madeira e construída com muito sacrifício pelo meu avô Chico. O dinheiro era sempre contado e procurávamos economizar cada centavo. Em nossa casa não tínhamos direito a qualquer luxo. Mas apesar das dificuldades que enfrentávamos no dia a dia, e especialmente pela falta de percepção dessas limitações materiais, éramos crianças muito felizes. Nunca faltou alimento em nossa mesa, estudávamos em escola pública, brincávamos na rua sem maiores preocupações e sempre fomos muito unidos.

Uma das coisas que mais me fascinava na infância era ver o meu pai preparando o caminhão para as viagens. Gostava de observá-lo separando as mercadorias com cuidado e colocando-as na carroceria do caminhão, conferindo a lista dos clientes que seriam visitados e dando uma última checada no motor para ter a certeza de que estava tudo em ordem. Era um homem organizado. Quando partia, ficava vários dias longe de casa. Depois retornava para abastecer novamente e partir em seguida. Quando completei 10 anos, meu pai me convidou pela primeira vez para acompanhá-lo em uma de suas viagens. Isso ocorreu durante as férias da escola e eu fiquei muito feliz. Não me importei em abrir mão de ficar em casa para brincar com meus irmãos e amigos para poder subir no caminhão e me aventurar por lugares que só conhecia das conversas em família nos finais de semana. Naquela primeira viagem que fiz ao seu lado enfrentamos de tudo: estradas de terra em péssimo estado de conservação, lama por todo lado, dias de chuva intensa e de sol de rachar, muito cansaço... Meu pai preparava as refeições num pequeno fogareiro que ele levava no caminhão. Comíamos quase sempre em beiras de estradas. À noite dormíamos em colchonetes na parte de trás do caminhão, acomodados entre as encomendas dos clientes. Depois de alguns dias de trabalho duro, retornávamos para casa com o caminhão vazio e um saco de estopa cheio de dinheiro, que ficava guardado atrás do banco do motorista. Voltávamos satisfeitos com a missão cumprida.

Eu achava tudo aquilo incrível. Queria repetir a dose, voltar a viajar com meu pai. Ao observar minha empolgação, ele disse que eu poderia ajudá-lo em outras ocasiões, mas alertou que eu não poderia descuidar da escola, pois a educação era a prioridade máxima. Eu concordei, mas não via a hora de pegar a estrada novamente. Minha mãe observava minha empolgação com certa preocupação. Entendia que eu era só um garoto e que não deveria me meter pelo interior do estado dentro de um caminhão, sujeito a todo tipo de imprevisto. Conversamos. Ela entendeu e fez a mesma recomendação: a escola vinha sempre em primeiro lugar.

Passei a acompanhar meu pai sempre que podia. Eu procurava ajudá-lo em seu trabalho. Carregava os produtos, conversava com os donos das lojas, anotava as encomendas, entregava as mercadorias, e contava o dinheiro recebido. Meu pai, sentado no caminhão, acompanhava o meu trabalho e percebia claramente que eu me sentia à vontade fazendo essas tarefas. Ele me elogiava. Afirmava que eu era um garoto responsável. E me orientava. Dizia que cada cliente tem um jeito de ser, um temperamento diferente e uma necessidade. Por essa razão, era preciso uma maneira especial de negociar com cada um para atender a sua expectativa. Ele dizia que saber lidar com inteligência com cada um deles era importante. Recebi de meu pai ensinamentos práticos que me valeram para toda a vida e que aplico ainda hoje à frente dos meus negócios. Se eu me tornei um bom vendedor, a razão está nessas lições da infância que recebi de meu pai. Dentre outras coisas, aprendi a cobrar os devedores sem ficar com receio de ser mal recebido e enfrentar negociadores difíceis que sempre queriam levar vantagem em tudo. E a deixá-los satisfeitos chegando a um acordo, mesmo que nem sempre entregando aquilo que eles desejavam ou do jeito que queriam.

Essas experiências, que na época não passavam de uma distração nas férias escolares, me deram confiança para mais tarde empreender pela primeira vez. Aos 12 anos passei a vender frutas e verduras de porta em porta nos bairros próximos de casa. Sob os olhares desconfiados da minha mãe e com o apoio do meu pai, encarei aquilo com a maior seriedade. Mesmo sem ter noção alguma de gestão, estabeleci intuitivamente uma meta objetiva para o meu negócio: só retornar para casa quando não restasse mais nada no carrinho. Havia dias em que eu alcançava rapidamente esse objetivo, mas em outros não. E nessas ocasiões procurava andar mais, bater em mais portas, oferecer os produtos para um número maior de pessoas.

Com o tempo, meus pais perceberam que era cada vez mais difícil bancar as despesas de casa apenas com as viagens de caminhão pelo interior do Paraná. Os filhos estavam crescendo e em idade escolar, o que aumentava as despesas com alimentação, roupas, uniformes, cadernos e livros. Minha mãe passou a costurar e fazer roupas infantis. Eu e minha irmã Sônia saíamos para vendê-las pelo bairro. Era um reforço no orçamento, mas ainda insuficiente diante das despesas. Surgiu, então, a ideia de montarmos uma mercearia na garagem de casa. Minha mãe comandaria as atividades e poderia contar com o apoio dos sete filhos. Ideia dada, ideia aceita. Faltava apenas o nome. Depois de muita conversa e sugestões, meu pai optou por Super Empório Maracanã. De "super" a mercearia não tinha nada. Era apenas uma garagem. E de Maracanã, o maior estádio do mundo, menos ainda. Mas pensamos no impacto que esse nome sonoro teria sobre os clientes. E não é que funcionou?! Meu pai imprimia centenas de folhetos com produtos e ofertas e depois eu e meus irmãos saíamos pelo bairro entregando de casa em casa. Mais tarde meu pai comprou uma Kombi. Quando os fregueses faziam grandes compras, minha maior alegria era realizar a entrega dos produtos com a Kombi branca de meu pai.

# A FÉ E A ESPERANÇA BATERAM À MINHA PORTA

Certa noite, dois jovens vestindo calça social escura e camisa branca de mangas curtas bateram palmas em frente à nossa casa. Abri a porta e fiquei surpreso ao ver aqueles rapazes. Falavam português com um pouco de sotaque e queriam saber se meu pai estava em casa. Diante da minha resposta negativa, disseram que não havia problema e que retornariam em outro dia. Ambos tinham no bolso da camisa uma identificação, uma espécie de crachá preto onde se podia ler Elder Fitzer e Elder Mangun. Despediram-se educadamente. "Devem ser fiscais da prefeitura", pensei em minha inocência. "Pessoas como a nossa família, lutando para vender algo e ganhar a vida. Espero que não voltem nunca mais." Eu não tinha a menor noção de que aquele breve encontro mudaria profundamente não somente a minha vida como a de toda a minha família.

Alguns dias mais tarde eles retornaram e conversaram com meu pai. Apresentaram-se não como fiscais, mas como missionários da Igreja de Jesus Cristo dos Santos dos Últimos Dias, mais conhecida como Igreja Mórmon. Estavam em missão no país para levar a palavra de Deus às pessoas. Não recebiam um único centavo pelo trabalho voluntário que faziam. Eles dedicavam integralmente seu tempo e sua energia a levar uma mensagem de fortalecimento às famílias.

Sempre fomos católicos. Aos domingos íamos à missa. Cheguei a fazer a primeira comunhão. Naquela época, no entanto, meus pais sentiam um vazio no peito. Eles não se identificavam verdadeiramente com nenhuma religião. Nessa busca por uma espiritualidade mais plena, acabaram visitando várias denominações e participado de cultos e encontros. Mas ainda assim continuavam insatisfeitos; sentiam que faltava alguma coisa.

Os dois missionários nos apresentaram uma série de mensagens sobre o propósito da vida, de onde viemos e para onde iremos após a morte. Eram cristãos, assim como nós. Mas existiam algumas particularidades, principalmente na forma como procuravam servir as pessoas. Fomos convidados a conhecer melhor a igreja. Passamos a comparecer às reuniões dominicais e nos sentimos maravilhosamente bem. Uma imensa paz no coração tomou conta de todos nós. Ouvimos palavras que nos reconfortaram e ao mesmo tempo nos deram ainda mais energia para continuar lutando. Não havia mais dúvidas: tínhamos encontrado o caminho certo para adorar e servir a Deus. E o mais importante, meus pais agora tinham uma apoio para criar os sete filhos com princípios e valores.

Elder Fitzer e Elder Mangun se tornaram amigos da família. Ambos tinham 19 anos e eram norte-americanos. Viviam contando histórias fascinantes de sua terra natal, que para mim era tão distante e inacessível quanto ir à lua. Foram eles que plantaram em meu íntimo um sonho que nunca mais saiu de minha mente, de meu coração, de meu espírito: ir para a América. Com aqueles jovens norte-americanos comecei a aprender o inglês, o que só aumentou meu desejo de ir aos States, como eu costumava dizer. Quando completei 17 anos, eu já me considerava um "adulto", dono de minhas próprias vontades. Tirei meu passaporte e contei aos meus pais sobre o desejo de ir para os Estados Unidos. É claro que ficaram preocupados, especialmente minha mãe, mas aceitaram a ideia depois de muita conversa. Mas foram claros: não tinham como me ajudar financeiramente. "Eu dou um jeito", pensei. Acho que meu maior desafio naquelas condições precárias era conseguir o visto americano. Mas, acredito que por uma intervenção divina, consegui o visto. Depois encontrei o que costumo dizer ser uma agulha no palheiro. Consegui comprar uma passagem para Nova York por 1000 dólares para ser paga em dez vezes, sem entrada, com a primeira parcela vencendo após 30 dias. Esse dinheiro eu levantaria com algum trabalho nos Estados Unidos. Eu ainda era menor de idade e meu pai precisou ser o avalista. Felizmente ele assinou na linha indicada e eu saí da agência de viagens com a passagem nas mãos. No dia 12 de setembro de 1974 embarquei sozinho para os Estados Unidos. Tinha 17 anos, 100 dólares no bolso e levava na bagagem apenas uma mochila com algumas peças de roupa e o Livro de Mórmon, minha leitura diária. Em casa, minha mãe ficou com o coração apertado. Soube mais tarde pelos meus irmãos que ela chorava todos os dias de preocupação, mas que depois entendeu que aquilo tudo era para o meu bem.

Desembarquei em Nova York e fui para Paterson, Nova Jersey, ficar na casa de um amigo que meu tio Dino indicara. Logo consegui emprego num restaurante. Lá eu fazia de tudo: lavava pratos, arrumava as mesas, limpava o chão, trabalhava de garçom. As aulas de inglês com os missionários mórmons se mostraram valiosas. Eu conseguia entender o que meu chefe dizia e me comunicava razoavelmente bem com os clientes e funcionários do restaurante.

Uma das coisas mais incríveis que aconteceu certa noite em Paterson foi quando, de repente, bate alguém à porta. Para minha total surpresa, quem acabara de chegar aos Estados Unidos era meu amigo: o Itúrbides Alberto Daquino de Oliveira. Vivíamos sempre juntos em Curitiba. Compartilhávamos nossos sonhos, brincávamos juntos, ríamos a valer um do outro. Assim são os bons amigos. Por ter um nome nada convencional, ganhou um apelido: Tatá. Era o tipo de pessoa que não podia abrir mão de ter um apelido. Já imaginou uma partida de futebol entre amigos e você gritar:

- Itúrbides Alberto, passe a bola!

Com o calor da partida, seria praticamente impossível gritar o nome dele sem errar uma sílaba sequer e consequentemente alertá-lo para me passar a bola rapidamente porque o adversário estava se aproximando. Brincadeiras à parte, Tatá foi um grande companheiro também nos Estados Unidos. Tinha ido para lá para conhecer o país, aprender inglês, trabalhar e juntar um pouco de dinheiro. Chegamos a trabalhar juntos no restaurante e compramos um Mustang usado para passear nas horas vagas.

Apesar de feliz por poder contar com a companhia do amigo Tatá, eu estava um pouco decepcionado com os Estados Unidos. Aquilo que eu estava vivendo não se parecia em nada com a vida glamorosa que via nos filmes de Hollywood. Eu me sentia frustrado. Conversei com Tatá e ele concordou. As casas de Paterson eram muito antigas, a maioria construída no século XIX. As ruas eram estreitas, as casas umas encostadas às outras. Não havia jardim e nem crianças brincando nas ruas. A maior parte da população era formada por trabalhadores estrangeiros como eu e Tatá, pessoas que haviam ido para a América em busca de oportunidade. Todos caminhavam apressados, de cabeça baixa, absortos em seus pensamentos. Muitos nem falavam o inglês básico. Não era fácil fazer novas amizades.

Então eu e Tatá decidimos virar esse jogo. Fizemos as malas e partimos para a Costa Oeste, mais precisamente para Salt Lake City, Utah, onde fica a sede da Igreja Mórmon. Foi lá que encontrei o país que tanto sonhara. Tudo era moderno, com ruas amplas e bonitas, belas casas com jardins, flores e muita área verde, pessoas amigáveis, boas oportunidades de trabalho, estudo e entretenimento.

Certo domingo na igreja, fui tocado pelas palavras do bispo em sua mensagem. Ele relembrou o que eu já havia ouvido muitas vezes: "Todo rapaz na igreja que atinge a idade de 18 anos deve se oferecer para ser missionário em algum lugar do mundo". Exatamente como fizeram Elder Fitzer e Elder Mangun, ao ir para o Brasil. Na Igreja Mórmon ninguém é obrigado a ser um missionário, mas todos os jovens se preparam para esse momento. Acontece que agora havia chegado a minha vez. Aquilo ficou na minha mente. Conversei com outros jovens que já tinham sido missionários e só ouvi palavras de estímulo. Disseram que era uma experiência de dois anos que valia para a vida toda. Eu conheceria um novo lugar, talvez um novo país, sua cultura, seu povo e seus costumes. Levaria a palavra de Deus a todos aqueles que quisessem recebê-la. Ajudaria pessoas em dificuldade. E, como consequência, isso me tornaria um jovem melhor, mais maduro e responsável.

Na igreja não escolhemos o local em que desejamos servir. Apenas enviamos os formulários à sede da igreja, e depois ficamos esperando uma resposta. Quem define para onde você deve ir é o profeta, principal líder da igreja. É um chamado divino.

Quando voltei ao Brasil, após quase dois anos nos Estados Unidos, meus pais me deram todo apoio para ir à missão. Eles conviviam o tempo todo na igreja com jovens missionários vindos de vários cantos do mundo. Sabiam o que aquilo representava. Por que o filho deles não poderia ser um Elder também? Preenchi os formulários necessários, enviei para Utah e fiquei esperando a resposta. Semanas mais tarde recebi uma carta do correio. Dentro do envelope, o meu destino. Todos em casa ficaram em silêncio. Momento de expectativa. Rasguei o envelope e abri a carta. Meu destino: Portugal.

Algumas semanas mais tarde, Tatá, que também havia decidido servir como missionário, recebeu sua carta. Telefonou correndo para me contar a novidade. Eu não acredito em coincidências e nem em destino, e sim que Deus traça o nosso caminho dentro de um plano espiritual maior e que muitas vezes, devido à nossa limitação humana, não temos total compreensão. Assim como eu, Tatá iria para Lisboa, Portugal. E lá fomos nós dois mais uma vez unidos pela nossa sólida amizade para mais uma experiência inesquecível.

Fiz novamente as malas e embarquei para Lisboa. Foram dois anos de muito trabalho, serviço ao próximo, aprendizado, ensino, amadurecimento emocional e espiritual. Passei a entender melhor os desígnios que Deus tem para cada um. Ao terminar a missão, voltei ao Brasil com três objetivos: encontrar um bom trabalho, retomar os estudos e encontrar a mulher de minha vida.

# A MULHER DA MINHA VIDA

Vânia me encantou desde o primeiro dia em que a vi em Curitiba. Ela tinha 13 anos e eu, 15. Havia saído de Ponta Grossa e vindo para a capital paranaense. Seu pai era formado em farmácia e dava aulas em uma Universidade. Vânia também vinha de uma família numerosa, com 8 filhos, e também era mórmon, mas isso não ajudou em nada a minha aproximação. Ela parecia ignorar a minha existência. Eu me esforçava para chamar sua atenção. Tentava conversar sobre os mais variados temas, mas sem sucesso. Ficava pensando: "O que um garoto de 15 anos e sem experiência alguma nas coisas do coração poderia fazer para que os olhos de uma garota se voltassem para ele?" Eu não sabia. Por essa razão, confesso que fiz papel ridículo algumas vezes. Quando estava no mesmo ambiente que ela, eu agia de modo infantil, falava alto, gesticulava, contava piada sem graça, dava gargalhadas. Ela se mantinha impassível, como se eu fosse invisível.

Alimentei essa paixão quando fui para os Estados Unidos e também para Portugal. Pensava constantemente nela. Vânia, no entanto, estava com a cabeça em outro lugar. Ou melhor: em outra pessoa. Para meu completo desespero, ela tinha ficado noiva. Quando retornei de Portugal, eu a vi novamente e o sentimento no coração por ela havia aumentado. Eu tinha completado 22 anos e um dia minha mãe voltou apressada da igreja. Ouviu uma conversa entre duas mulheres. Uma delas era a mãe do noivo de Vânia, que comentou que eles tinham desmanchado o noivado. Fiquei tão feliz que tomei uma decisão definitiva: dessa vez eu iria conquistá-la e me casar com ela.

Sabe aqueles encontros de casais que os amigos costumam arrumar para você com a melhor das intenções e que sempre dão errado por alguma razão? Pois foi o que pensei quando meu amigo Otto me convidou para acompanhá-lo num encontro com minha irmã Sônia. Ele sugeriu que eu convidasse Vânia. Gelei! Será que ela aceitaria? Bem, eu não tinha nada a perder, a não ser ter o meu coração quebrado em mil pedaços. Arrisquei. Fiz o convite. Ela aceitou.

Tudo correu perfeitamente bem durante o jantar. Vânia se sentiu à vontade e se interessou pelas minhas histórias. Falei sobre minha passagem pelos Estados Unidos e como foi atuar como missionário em Portugal. Naquele momento eu era uma pessoa mais madura aos olhos dela. O garotão alegre e barulhento que tentava chamar a sua atenção tinha se transformado num jovem mais responsável e com uma vivência difícil de ser encontrada em alguém com a minha idade. Começamos a namorar. Três meses depois, no dia 16 de março de 1979, nós nos casamos no templo da Igreja Mórmon em São Paulo, localizado na Avenida Francisco Morato.

Eu estava no céu!

**Aos 17 anos embarquei sozinho para os Estados Unidos. Tinha apenas 100 dólares no bolso.**

# MINHA LUTA COM O PAPEL

Sempre fui muito atrapalhado com papéis. Até hoje não gosto de lidar com eles. Na empresa eles iam se acumulando na minha mesa até formarem uma enorme pilha, grande como o Everest. De repente, eu precisava receber uma visita, um executivo, um banqueiro, um jornalista e mal podia enxergar a pessoa sentada à minha frente. Não sabia o que fazer com aquela papelada "importante". Então costumava pedir à minha secretária Luciana para me trazer uma caixa de papelão. Jogava tudo dentro e sem saber o que fazer escondia tudo no armário. Ao longo de semanas e meses, as caixas iam se amontoando. O interessante era que, apesar de eu sentir uma ligação fortíssima com aqueles papéis, a ponto de não querer descartá-los, os meses passavam sem que eu precisasse de qualquer um. Nem por um minuto sentia falta de um artigo de jornal, uma revista ou qualquer papel o que fosse. Após meses, quando o armário já não tinha espaço nem para um envelope vazio, a Luciana me avisava:

- Que tal a gente começar a abrir essas caixinhas e dar um destino para esses papéis "tão importantes" assim?

Eu percebia a ironia e começávamos a tarefa. O que acontecia no final? Para minha surpresa, a maioria ia para o lixo. Até hoje não sei o que havia de tão importante naqueles papéis.

Na vida, nos agarramos muitas vezes a coisas sem sentido e isso pode nos atrasar a marcha para a frente. Mas qual seria o papel de maior importância de minha vida? Agora, você vai descobrir que essa luta com o papel começou mesmo antes de meu casamento. Um mês antes de me unir à Vânia, o escrivão do cartório me entregou um documento e avisou:

- Leve para casa esse papel e guarde-o bem. No dia do seu casamento deve entregar este documento ao bispo de sua igreja que vai realizar a cerimônia religiosa. As testemunhas todas terão de assiná-lo para validar o rito. Preste bem atenção nisso.

No dia 16 de março de 1979, tomado de intensa felicidade, entrei na igreja com Vânia. Rodeados pelos familiares, amigos e pessoas queridas, ouvimos belas mensagens, lindas músicas, trocamos alianças, nos beijamos como marido e mulher no altar. Então o bispo anunciou:

- Agora, ao som dos violinos, as testemunhas podem assinar o documento do cartório.

Ao ouvir aquilo, fiquei aterrorizado. Vânia me olhou, meus pais e meu sogro me contemplaram. Eu fiquei imóvel, apavorado. Devo ter ficado vermelho, azul, amarelo, roxo e todas as cores do arco íris. Revirava os bolsos e nada de aparecer o papel. Para aumentar meu nervosismo, Vânia perguntou:

- Carlos, cadê o papel?

- Meu amor, o papel, o papel... acho que ficou em casa, numa caixinha no armário.

Pensamentos tenebrosos invadiram meu inconsciente. Pronto, o casamento vai ser anulado, adiado, o que vai acontecer agora?

O bispo foi o único calmo:

- Todos podemos esperar, alguém vai buscar o papel em sua casa.

Meu cunhado Silas entrou em seu fusquinha, engatou uma primeira, depois a segunda marcha, cruzou sinais, parecia piloto de Fórmula 1 rumo à bandeirada final. Chegou à casa de meus pais e após alguns instantes de procura finalmente encontrou o tal papel. Voltou voando para a igreja. Para mim, a sensação era de que tinha demorado uma eternidade. Os convidados estavam meio dispersos, Vânia e eu saímos caçando a assinatura de cada testemunha. Que constrangimento.

Naquele instante, Vânia não tinha noção de que esse fantasma dos papéis acompanhariam seu marido toda uma vida. Até hoje rimos quando lembramos que saímos à caça das testemunhas. O que esta minha relação com os papéis me ensinou? Todas as pessoas têm virtudes e limitações.

Aprendi que devemos nos concentrar mais em nossas qualidades do que em nossas fraquezas. É semelhante a um jarro de bolinhas amarelas com duas ou três bolinhas vermelhas no meio. Em vez de tentarmos retirar as bolinhas vermelhas, convém colocar mais bolinhas amarelas no jarro. Eventualmente as vermelhas irão desaparecer.

Não devemos gastar tempo e energia sofrendo com nossas limitações e sim focar em nossas habilidades naturais. Até hoje continuo me dando mal com os papéis. Se eu tivesse me imobilizado por essa incapacidade, não teria chegado onde cheguei. Portanto, decidi há muito tempo me concentrar naquilo que sei fazer bem, aplicar meus talentos e dons naturais, fazer o que gosto de fazer sem me deixar influenciar por minhas inabilidades e limitações.

Após a cerimônia do casamento seguimos numa Kombi emprestada rumo à lua de mel em Balneário Camboriú, Santa Catarina. Certa noite, sentados na areia da praia, traçamos as metas para o futuro. Em nossa pobreza de recém-casados, eu ganhava um salário mínimo e Vânia ganhava dois salários mínimos, um dos objetivos que definimos foi o de buscar a prosperidade. E faríamos isso com a ajuda de Deus. Por isso nos comprometemos a cumprir fielmente a lei do dízimo. Com a decisão tomada, passamos a viver pela fé e a doar 10% de nossa renda à igreja.

Vânia é uma pessoa bastante reservada e costuma manter seus pés firmes no chão. Eu costumo viajar até a lua de vez em quando. Logo após o casamento, eu costumava falar em metas altas em busca da prosperidade. Ela rapidamente percebeu que precisaria assumir o papel de me trazer de volta à realidade toda vez que permanecia muito tempo com a cabeça nas nuvens. Nós nos completávamos. Como empreendedor, sou inquieto. Meu estilo é ser muito mais voltado para a

**Na lua de mel uma meta:**
**Vamos buscar a prosperidade.**

ação do que para o planejamento. Enxergo oportunidades onde a maior parte das pessoas vê somente problemas. Graças ao sucesso que conquistei nos negócios, não me preocupo tanto em controlar o saldo da nossa conta corrente e sim em buscar alternativas para continuar crescendo. Vânia, por sua vez, reflete bastante antes de agir. Quando vai tomar uma decisão importante, passa um bom tempo colocando na balança os prós e contras, as vantagens e as desvantagens. Suas decisões são mais amadurecidas, refletidas e seguras. Sabe exatamente quanto temos em nossa conta corrente.

Quando nasci, minha mãe com apenas 17 anos, pensava que logo eu iria morrer. Desesperada, ela pediu a Deus que salvasse minha vida e prometeu me criar para servir a Deus. Acho que a oração dela foi ouvida, pois logo após meu casamento, embora com apenas 22 anos, para minha total surpresa, recebi o chamado para servir como Bispo da Igreja Mórmon, designação que aceitei sem titubear. Esse é um trabalho voluntário, logo sem qualquer remuneração ou compensação financeira. Portanto, eu precisava exercer minha profissão para prover o sustento e, paralelamente, servia de acordo com minha disponibilidade. Aceitei o chamado tão somente pelo desejo de servir ao próximo. Eu estava convicto de que Deus jamais nos abandonaria. Havia seguramente um plano divino. Naquela mesma época, descobrimos que Vânia estava grávida, e após algum tempo ficamos sabendo que chegariam Charles e Lincoln, nossos gêmeos queridos. Eu precisava aumentar a renda familiar para cobrir as novas despesas. Então tive a ideia de montar uma lanchonete no centro de Curitiba, que chamei de Chicken House. Seis meses depois abri uma sorveteria. Foram meus dois primeiros fracassos como empreendedor. Fechei as portas, vendi os equipamentos, balcões e mesas, assumi os prejuízos e voltei à estaca zero.

Bem, como recém-casado e esperançoso de sair da pobreza, eu tinha uma certeza: precisava me qualificar profissionalmente. Naquele momento eu já era fluente em inglês e o antigo sonho criado por aqueles jovens missionários aflorou ainda mais. Estava na hora de ir estudar na Brigham Young University, em Utah. Escrevi para a instituição, e depois de várias tentativas frustradas finalmente fui aceito. Aos 26 anos de idade, três anos de casado e já pai de gêmeos, eu e Vânia partimos para mais uma aventura. No bolso levávamos cinco mil dólares, quantia que acreditávamos ser uma fortuna. Na bagagem tínhamos a esperança e a convicção de que tudo daria certo.

• • •

# QUALIFICAÇÃO PROFISSIONAL PARA SAIR DA POBREZA

Desembarcamos em Salt Lake City felizes e ao mesmo tempo preocupados. O dinheiro que tínhamos duraria pouco tempo. Fomos recebidos pelos Pinegar, a mesma família que me acolheu durante a missão em Portugal. Ficamos alguns dias na casa deles, mas era preciso procurar um lugar para nos alojarmos definitivamente. Não podíamos depender de amigos. Depois de tanto procurar, conseguimos alugar um porão por 160 dólares mensais. Para mobiliar a casa, alugamos os móveis a preços bem acessíveis. Essa é uma prática bastante comum entre os estudantes universitários, principalmente para quem está começando a vida e não tem dinheiro para comprar a mobília. Era o nosso caso. Logo fizemos amizade com os vizinhos, David Eastman e sua esposa Teresa, uma brasileira de Campinas, São Paulo.

A vida era dura e o dinheiro contado. A quantia que tínhamos era destinada somente às despesas básicas como alimentação, aluguel e transporte. Não íamos a restaurantes e nem comprávamos roupas novas. Quase não saíamos para passear. De vez em quando, tomávamos um sorvete ou íamos a um parque público para caminhar.

Enquanto isso, meu desempenho na universidade ia de mal a pior. Eu tinha dificuldades para acompanhar as aulas. Eu estava à época há um bom tempo sem estudar e não conseguia acompanhar o ritmo das disciplinas. Algumas matérias já estavam mais adiantadas e era preciso correr atrás para poder absorver o conteúdo. Por essa razão, eu passava horas na biblioteca estudando. Mesmo assim, eu tropeçava na hora de fazer as provas. Vânia me incentivava e não me deixava desistir.

Além da universidade, eu me preocupava com as despesas. Precisava arranjar trabalho. Fiquei sabendo que o MTC - Missionary Training Center – o centro de estudos de idiomas, mantido pela universidade, estava precisando de professores de português. Fui até lá e me apresentei. Fiz uma série de testes e fui aprovado. E comecei a ganhar um dinheirinho fundamental para equilibrar o orçamento doméstico.

Descobri que gostava de ensinar. Identificava rapidamente as dificuldades dos alunos e procurava eliminá-las. Era paciente, não desistia quando alguém não avançava no ritmo desejado, e ficava feliz quando via algum progresso. Nessa mesma época consegui uma bolsa de estudos da faculdade, o que proporcionou mais um alívio nas nossas contas.

Quando saí de Curitiba, deixei para trás meus pais e seis irmãos. Jamais imaginei que, após eu ingressar na BYU, a cada semestre um irmão chegaria a Utah com o mesmo plano na cabeça: formar-se numa universidade americana. Certo dia, fui conversar com a conselheira acadêmica. Ela se chamava Betty Lewis. Nunca vou esquecer a imagem daquela senhora atenciosa, gentil, com aparência angelical. Depois de uma vida dedicada ao aconselhamento de alunos, já com cabelos brancos, estava prestes a se aposentar. Mesmo assim, tinha muita paciência para me ouvir, me orientar, me aconselhar. Havia uma forte identificação entre a gente. Ela vibrava com cada nota boa que eu tirava e me consolava quando a nota era baixa. O momento de minha formatura se aproximava. E naquele dia fui ao escritório de Betty, acompanhado de meu irmão Luis. Como era seu costume, ela nos recebeu com um sorriso.

- Hoje tenho uma pergunta para você, Carlos.

- Pois não, o que a senhora gostaria de saber?

- Tenho acompanhado a sua trajetória e a de seus irmãos. Eu gostaria de saber o que motivou vocês a fazer esse sacrifício de sair de seu país tão distante, enfrentando tantas dificuldades, e vir estudar aqui na América?

Não respondi de imediato. Pensei, respirei fundo, tentei encontrar uma resposta simples e convincente ao mesmo tempo.

- Quer saber a verdade, Betty? No fundo mesmo, viemos para o EUA porque queríamos fugir da pobreza.

- Fugir da pobreza?

- Sim, por incrível que pareça, foi a pobreza que nos trouxe para a sala de aula. Já não aguentávamos mais aquela vida de privação, limitação, carência. Sabíamos que tínhamos que fazer algo diferente. Por isso resolvemos fazer qualquer sacrifício necessário para mudar nossa condição de vida. E buscar uma qualificação acadêmica e profissional foi a saída.

Eu não imaginava que minha resposta traria lágrimas aos olhos daquela conselheira tão querida. Os anos se passaram e a lembrança daquele diálogo nunca mais saiu da minha mente.

Mais tarde li um pensamento de Ezra Taft Benson reforçando que ao optarmos por uma educação superior no exterior tomamos a decisão certa. Ele escreveu: "O mundo tenta tirar o indivíduo da favela. Deus tira a favela de dentro do indivíduo. O mundo tenta moldar o indivíduo mudando seu ambiente. Deus muda o indivíduo e ele por si só muda seu ambiente. O mundo tenta mudar o comportamento humano, mas Deus pode mudar a natureza do ser humano".

A vida financeira só começou mesmo a entrar nos eixos após a formatura, em 1986, quando consegui um emprego fixo na empresa de papel e celulose Champion Internacional cuja sede ficava em Cincinnati, Ohio, e tinha filial em Mogi Guaçu, no interior de São Paulo. Estava tudo planejado em minha mente. Eu trabalharia duro por um ano em Ohio, cresceria na carreira e depois seria transferido para a filial brasileira. Não sabia se o plano daria certo, mas na teoria parecia perfeito. Segui em frente.

Em Ohio, a situação melhorou bastante. Nós nos mudamos para uma casa confortável dentro de um condomínio residencial. Eu ia diariamente trabalhar feliz, pois tinha uma ótima perspectiva. Os executivos da Champion gostavam de mim e do trabalho que eu realizava. Um ano depois me chamaram. Disseram que a filial em Mogi Guaçu me aguardava. Eu estava sendo transferido para o Brasil. Retornaria ao meu país, mas não à minha cidade natal. Era mais um recomeço entre tantos outros que passei ao longo da vida. Havia ainda outro detalhe: Vânia estava novamente grávida, desta vez de Thais.

Aos 30 anos de idade, de volta ao Brasil, eu me sentia uma pessoa super realizada. Enfim tudo que eu um dia imaginara havia se realizado. Eu me formara na Brigham Young University, trabalhara na Champion International em Ohio, ocupava um alto cargo, havia sido transferido ao Brasil com todos os benefícios. Porém, ao chegar a Mogi Guaçu, onde ficava a sede da Champion, me deparei com minha primeira decepção. A casa que a empresa havia me prometido não estava pronta. Avisaram-me:

- Houve contratempos, mas você será colocado em um hotel por conta da empresa, enquanto as reformas da casa terminam.

Era um hotel no centro de Mogi Guaçu para representantes comerciais que passam uma noite e se vão, querem apenas dormir e partir. Estrelas? Só no céu. O hotel não tinha estrela alguma. Nosso quarto era minúsculo, tinha uma cama para o casal e a outra para os meninos gêmeos. Vânia, grávida, reclamava do calor intenso que fazia na época. Ar-condicionado? Que nada! Precisamos pedir um ventilador na recepção. Nossa mudança ficou armazenada até que a casa fosse liberada. Tínhamos pouca bagagem, algumas roupas e objetos pessoais. Todas as semanas eu passava no departamento de RH para saber se a casa estava pronta. A resposta era sempre a mesma:

- Ainda não está pronta, mas possivelmente na próxima semana a casa estará liberada.

Assim, semana após semana, nos levaram na conversa. O pessoal do RH já se acostumara a me ver, fazendo a mesma pergunta.

- E a casa já esta pronta?

- Espere mais um pouco.

Era claro, estavam me enrolando. Eu trabalhava com muita ansiedade. A Vânia sofria, aquele hotel não era vida. Após varias semanas sem êxito, a resposta mudou:

- É preciso ter paciência, mais um mês e a casa fica pronta.

Meus pais viviam aflitos em Curitiba, sabendo que minha esposa estava para ganhar o bebê. Quando se deram conta de que estavam me levando na conversa, não havia data definida para a entrega da casa, convidaram a Vânia e gêmeos para ficar no Paraná até a situação se resolver. O convite foi aceito de imediato, pois aquela incerteza estava insuportável.

Eu continuava trabalhando em Mogi Guaçu durante a semana. Na sexta-feira eu saía da Champion às 16 horas e ia para a rodovia, que ficava em frente à fábrica. Esperava o ônibus da Cometa que saía de Mogi Guaçu, passava por Campinas e seguia em direção a São Paulo. O trânsito da Marginal Tietê até a rodoviária na sexta à tarde já era caótico, super complicado, quase parado. No terminal comprava a passagem, o ônibus partia à meia-noite rumo a Curitiba. Desembarcava às sete da manhã na rodoviária de Curitiba, pegava o ônibus circular que ia até o bairro do Boa Vista, chegava na casa dos meus pais às oito horas. Eles me aguardavam com um pão quentinho e a mesa pronta para o café da manhã. Passava o sábado com a esposa, filhos e meus pais. No domingo de manhã, íamos juntos à igreja e no final da tarde começava a maratona de volta. Chegava em Mogi Guaçu na segunda-feira pela manhã. Da estrada, com a mochila nas costas, ia direto para o serviço.

Durante aquele período de viagens semanais, me deparei com inúmeras cenas engraçadas no terminal do Tietê, que encheriam os livros dos grandes cronistas. Acabei conhecendo dezenas de indivíduos que "perderam" a carteira e estavam sem dinheiro para voltar para casa. O curioso é que todas as semanas os mesmos indivíduos "perdiam" a carteira ou tinham algum parente no hospital e precisavam visitá-lo em caráter de emergência.

Não sei quantas viagens fiz de Mogi Guaçu a Curitiba até a minha filha Thais nascer e a tal casa da Champion ficar liberada, mas duvido que houvesse outro funcionário da empresa que percorresse 1100 quilômetros para passar o fim de semana com a família. Foi um período de bastante desgaste físico e emocional. Mas, acima de tudo, havia a certeza de que alguém que eu amava estava à minha espera, e me recebia com carinho e calor. Isso fortalecia a minha motivação para seguir em busca de meus sonhos e objetivos futuros, que pareciam estar tão distantes, porém a certeza era de que se tratava de objetivos comuns. E isto muda qualquer história.

Finalmente, minha vida, a de Vânia e de nossos filhos estava agora em Mogi Guaçu. Passei a sonhar em fazer a escalada corporativa, conseguir novos cargos, assumir novas funções, até que um dia um colega do trabalho me perguntou se eu poderia dar aulas de inglês. 'Por que não?' - eu pensei. Agora eu dominava o idioma. Trabalharia de dia na Champion e à noite daria aulas particulares de inglês para complementar a renda familiar. Como não tinha um espaço adequado para ensinar, dava aulas na sala de minha casa. Mas muitas vezes preferia ir até o local onde estavam meus alunos.

É natural para qualquer funcionário de uma empresa de certo porte como aquela na qual eu estava empregado pensar em ter ambição e crescer na carreira. Almejar os cargos mais altos da hierarquia. Ser bem remunerado. Procurava dar o meu melhor para mostrar aos meus superiores que tinha condições de assumir novas responsabilidades e ser promovido. Certo dia, no entanto, quando fui ao banco receber meu salário, vi por acaso uma relação dos salários da empresa que estava em cima do balcão do caixa. Não resisti e olhei. Foi um choque. Fiquei estarrecido ao saber que o meu chefe, uma pessoa que tinha muito mais responsabilidades do que eu e que trabalhava duro até tarde da noite diariamente, ganhava um salário não tão alto assim. A partir daquele momento, comecei a me questionar se valia a pena seguir uma carreira na empresa sem a perspectiva de ter uma renda que eu considerasse compensadora para mudar para sempre minha condição financeira. Cheguei à conclusão de que não valia. Mesmo assim, continuei dando o meu melhor no trabalho e ao mesmo tempo continuava com minhas aulinhas de inglês. Também comecei a fazer com Vânia uma relação de possíveis projetos nos quais poderia empreender. Um deles era abrir uma escola de inglês.

A Champion foi uma empresa muito importante na minha vida. Agradeço muito a oportunidade que tive de trabalhar lá e de ganhar experiência. Aprendi o que é ter um chefe exigente em tempo integral, a trabalhar em equipe, a manter o foco nas metas da organização, a superar obstáculos, a me relacionar com outras áreas, a entender a importância de cada setor para o sucesso nos negócios. Até que certa manhã, um ano após meu retorno ao Brasil, fui chamado na sala do meu chefe para conversar. Ele me disse que a empresa precisava reduzir seus custos e por isso eu estava sendo dispensado. Em português bem claro: eu fui demitido!

Fiquei surpreso com a notícia, mas ao mesmo tempo algo me dizia que aquele era um bom sinal. Como eu já tinha vários alunos, continuei dando minhas aulas particulares, sem saber naquele momento que aquelas aulas se tornariam meu projeto de vida.

# UMA INSPIRAÇÃO DIVINA

Mais tarde essa resposta veio clara como uma luz que se acende. Eu tinha ido visitar meus pais em Curitiba e na volta para Mogi Guaçu, no dia 1° de maio de 1987, me pus a conversar comigo mesmo enquanto dirigia meu Passat na Rodovia Régis Bittencourt. E agora, qual é o negócio que devo abrir? Quero ter um negócio próprio, mas não sei por onde começar. O que fazer? Pior ainda: como empreender sem um centavo no bolso? Eu mantinha os olhos fixos na estrada, mas a cabeça estava nas alturas. Pedia a Deus que me orientasse qual rumo deveria tomar para realizar meus impulsos de empreendedorismo. Vânia dormia no banco do passageiro, Charles, Lincoln e Thaís dormiam tranquilamente no banco traseiro.

De repente, uma imensa paz invadiu meu peito. Uma inspiração divina. Como eu não tinha enxergado isso ainda? Estava bem diante dos meus olhos. Não havia mais dúvidas. Acordei Vânia rapidamente. Ela não entendia a minha euforia.

Contei a ela o que tinha acontecido. Já sabia qual seria o nosso caminho dali em diante. Nós abriríamos uma escola de inglês! Mas não seria somente uma escola, e sim uma rede de escolas. Vânia achou graça e apenas disse: "Você é sonhador mesmo." Em seguida voltou a dormir e eu continuei dirigindo, a sonhar com meus planos. Naquele instante mais uma vez eu estava com a cabeça nas nuvens, voando alto e buscando as metas mais altas. Eu comecei a pensar: "Uma rede de escola de inglês é algo muito complexo. Não sou pedagogo. Não tenho material didático. O que entendo sobre metodologia? E sobre educação? Não faço a menor ideia de como atrair um número grande de alunos e nem como promover o negócio.."

Enquanto pensava em tudo isso de repente um versículo me veio à mente:

Mateus 7:7:
"Pedi e recebereis, buscai e achareis, batei e abrir-se-vos-á".

Naquele instante eu tive a convicção de que o setor de educação seria o meu grande projeto de vida. Eu iria trabalhar na área de formação de pessoas. Embora eu ainda não soubesse como tudo se daria, no íntimo eu tinha a certeza de que Deus sabia e certamente poderia me guiar. Mais uma vez, não duvidei disso um instante sequer.

Naquela época, as escolas de inglês não viviam a febre dos dias atuais. A economia do Brasil era fechada. Poucas transações comerciais eram realizadas com o mercado estrangeiro. A globalização estava longe de se tornar uma realidade que viria a deflagrar uma correria jamais vista de pessoas ávidas por aprender o idioma. Havia poucas escolas que atendiam esses alunos, a maioria formada por profissionais que trabalhavam em multinacionais e precisavam aprender inglês para se relacionar com os funcionários da matriz. Havia também adolescentes cujos pais achavam importante que os filhos dominassem outro idioma além do português para poder se virar bem quando fossem viajar ao exterior. Eram raros aqueles que enxergavam um horizonte onde seria praticamente impossível progredir na profissão sem falar inglês como hoje em dia. Quase ninguém sentia a necessidade de colocar crianças pequenas e que mal tinham aprendido a falar português para começar a estudar numa escola de idiomas. Quem começava a vida profissional costumava achar que seguiria os mesmos passos dos pais ou dos avós: entrariam numa empresa e passariam lá toda a carreira até conquistar a aposentadoria. Ou prestariam um concurso público e não se preocupariam com mais nada.

O mundo global viria a jogar tudo isso por terra. De uma hora para outra o inglês se tornou essencial. É o idioma universal dos negócios e das relações diplomáticas. A gigantesca maioria dos sites na internet estão em inglês. Quem sonha fazer um curso de MBA nas melhores faculdades dos Estados Unidos não tem a menor chance de ser aceito se não for fluente no idioma de Shakespeare.

Pegar essa onda de crescimento no seu começo foi decisivo para o sucesso da empresa. Quando viajava de caminhão com meu pai pelo interior do Paraná, eu ficava surpreso com algumas lojas que estavam presentes em várias cidades. O mesmo nome, o mesmo produto, a mesma identidade visual, o mesmo dono. Eram redes de lojas que se expandiam e faziam os negócios crescerem. Seria possível fazer algo parecido com uma escola de inglês? Como os proprietários daquelas lojas faziam para expandir seu negócio e manter o controle? Como eu poderia estar em várias cidades espalhadas em regiões distintas ao mesmo tempo?

Vânia sempre acompanhava o meu raciocínio. Eu não parava de pensar, de falar, de visualizar o futuro. Ela punha a mão no meu ombro, procurava me tranquilizar. Como sempre, me fazia enxergar a realidade: naquele exato momento não tínhamos sequer uma salinha comercial para receber um único aluno. Dávamos aulas na sala de nossa casa. Até hoje rimos quando lembramos que, algumas vezes, Vânia dava aulas enquanto amamentava nossa filha recém-nascida. Dizemos que é por isso que o inglês de Thais é tão bom.

Iniciar uma empresa do zero é algo que consome a mente do empreendedor 24 horas por dia. As dúvidas não paravam de me atormentar. Uma delas era descobrir como chamar a atenção dos possíveis alunos. Eles tinham a opção de estudar em escolas com melhor estrutura e com mais recursos. Por que escolheriam a minha, que a rigor nem escola era ainda? Como me diferenciar nesse mercado?

Aprendi desde pequeno com meu pai que um dos segredos de qualquer negócio é entender e atender às necessidades do cliente. Só assim é possível chamar sua atenção, entregar aquilo que ele busca, deixá-lo satisfeito e fazê-lo comprar novamente na próxima vez. Tendo esse princípio em mente, fiquei imaginando qual seria a maior necessidade das pessoas que estudam inglês. Logo vieram à minha mente duas respostas: tempo e conversação! Quem estuda inglês quer falar rapidamente a língua. Não quer passar quatro ou cinco anos estudando o idioma. Precisa aprender o mais rápido possível para poder trabalhar, viajar ou ir a um congresso no exterior. Se eu conseguisse fazê-los enxergar que o meu método possibilitaria um ganho valioso de tempo, eu conquistaria a sua preferência.

Não seria maravilhoso poder aprender inglês em 24 horas? Então por que não oferecer exatamente isso? A ideia que eu tanto procurava acabava de surgir. Eu faria meus alunos falarem inglês em 24 horas. Mandei fazer uma faixa para colocar no portão de casa com os seguintes dizeres: "Fale inglês em 24 horas".

É claro que esta propaganda tinha uma explicação. Quem passava pela rua e lia essa chamada pensava que aprenderia inglês de um dia para o outro. Na verdade, cada aula teria duração de uma hora. A minha proposta era, portanto, fazer o aluno aprender inglês em 24 aulas. Ainda assim, era pouquíssimo tempo para ensinar um idioma. A proposta era muito ousada.

Para que esse conceito se tornasse viável na prática, era preciso ter um método de ensino que proporcionasse ao aluno o sentimento de que aprendia o idioma com rapidez, que estava evoluindo rapidamente. Ele deveria se sentir seguro quando fosse para o exterior e conseguir se comunicar. Poderia perguntar sem receio algum como ir a um determinado lugar ou qual o valor de um produto. Saberia como escolher um prato num restaurante e dizer o destino desejado a um motorista de táxi. Diálogos práticos que tornam a vida da pessoa mais fácil e viável longe da sua pátria. A ideia que surgiu a seguir foi a responsável por tornar meu projeto a maior rede de escolas de idiomas do mundo. Uma ideia simples, mas ao mesmo tempo revolucionária. Uma ideia que transformaria a vida de milhares de pessoas e me tornaria um dos empreendedores mais bem-sucedidos do Brasil. Certamente todo esse crescimento não aconteceu por acaso. Primeiro, foi fruto de uma inspiração divina. E além de muito esforço próprio, contei com o apoio de pessoas maravilhosas que transformaram meu sonho individual num sonho coletivo. Carregarei para sempre em meu coração um sentimento de profunda gratidão por milhares de professores, franqueados e colaboradores que sempre estiveram ao meu lado me incentivando e me apoiando rumo às grandes realizações.

● ● ●

# DE PROFESSOR A EMPREENDEDOR

Durante os anos que estudei na Brigham Young University, em Utah, não estudei letras, pedagogia ou linguística. Eu me formei em ciência da computação. Porém, sem que eu soubesse na época, a experiência de lecionar português no MTC (Missionary Training Center) em Utah serviria de base para mais tarde eu começar a desenhar o meu próprio método de ensino a partir da necessidade dos alunos. Aprendizado rápido, consistente e que desse a eles a certeza de que estavam progredindo e ganhando autonomia para falar inglês sem receio. Foi assim que descobri como me diferenciar. Comecei a relacionar frases úteis e objetivas que qualquer pessoa precisa saber para usar na comunicação do dia a dia. Se a pessoa conseguisse praticar e memorizá-las, poderia aplicá-las numa série de situações reais. Que tal 100 frases por aula? Ao final das 24 aulas, o aluno saberia nada menos do que 2400 frases, o que não é pouco. Seria mais do que suficiente para manter um diálogo razoável e não passar apuros com nenhum gringo.

A grande sacada foi ensinar 100 frases por aula. Mas não frases soltas. Elas precisavam ser estruturadas. Começar com a forma mais simples e depois ir acrescentando novas palavras. Isso fez toda a diferença. Quando conquistei o meu primeiro aluno, propus a ele que repetisse comigo e praticasse as 100 primeiras frases. Comecei da seguinte forma:

- I want (Eu quero)
- I want to go (Eu quero ir)
- I want to go to the mall (Eu quero ir ao shopping)
- I want to go to the mal with you (Eu quero ir ao shopping com você)
- I want to go to the mal with you now (Eu quero ir ao shopping com você agora)

Interligadas, o número de frases ia crescendo e se diversificando. O aluno praticava e memorizava as várias sequências e possíveis diálogos reais, enriquecia seu vocabulário e já podia iniciar uma conversa. Nada de frases que dificilmente fariam parte do cotidiano, como a famosa "the book is on the table", que acredito nunca ter dito uma vez sequer na vida em situação real. Quantas vezes você precisou dizer a alguém em inglês que o livro estava sobre a mesa? Provavelmente nenhuma vez. Para que perder tempo aprendendo o que nunca iremos usar?

Aos poucos a metodologia ia evoluindo. Método definido, faixa de divulgação fixada no portão de casa e que prometia aprender inglês em 24 horas, a sala da casa livre para receber os alunos e professor disponível para ensinar. Até o nome da escola já estava definido: Conversation Center. Minha ansiedade era enorme. Será que os alunos apareceriam? A faixa surtiria o efeito desejado? As pessoas se sentiriam confortáveis em ter aulas em minha casa? Depois resolvi fazer um pequeno anúncio na sessão de classificados do único jornal de Mogi Guaçu. O anúncio dizia: "Fale inglês em 24 horas. Método rápido de conversação." De repente, o telefone começou a tocar e não parou mais. Queriam saber mais detalhes, se era mesmo possível aprender inglês em 24 horas, quem era o professor, que método doido era aquele que prometia falar inglês da noite para o dia.

Dentro dos princípios ensinados por meu pai, eu procurava atender às necessidades de cada interessado no curso. Certo dia, por exemplo, um diretor de uma empresa da região me ligou e perguntou se para fazer o curso era preciso fazer lição de casa.

# SEGREDO DO SUCESSO: ATENDER À EXPECTATIVA DO CLIENTE.

Perguntei por que ele tinha essa preocupação. Ele me antecipou que não pretendia fazer tarefa de casa. Vânia, que acompanhou a ligação, ficou preocupada, pois sabia que a tarefa de casa era essencial para a fixação do conteúdo. Em vez de responder de uma vez ao aluno, eu perguntei:

- O Sr. gosta ou não gosta de fazer tarefa de casa?

- Já vou avisar que, se tiver a obrigação de fazer tarefa, não vou me matricular.

Minha resposta para ele foi imediata:

- Então fique tranquilo, pois você encontrou o curso perfeito. Aqui não tem tarefa de casa.

Mais tarde, Vânia me colocou contra a parede. Falou enfaticamente que tanto ela quanto eu sabíamos o quanto fazer a lição de casa era importante. Procurei tranquilizá-la. A lição de casa seria feita durante o horário da aula sem prejuízo para o aluno. Satisfeito com minha resposta, o executivo me procurou, tirou o talão de cheques do bolso e fez sua matrícula. Esse aluno acabou se tornando um grande amigo. Certa vez, ele compartilhou comigo o porquê daquela pergunta ao telefone. Ele me disse que no último curso de inglês que tentou fazer, por sinal muito caro, cada aluno tinha que preparar um pequeno discurso em casa para apresentá-lo na aula seguinte. Ele sempre teve dificuldade para se expressar em público, situação que ficava ainda pior nas aulas, pelo simples fato de a apresentação ser feita num idioma que não era a sua língua materna. Toda vez que se dirigia à antiga escola, sentia ainda no caminho uma tremedeira dominar todo o seu corpo. Ficava visivelmente abatido. Começava a suar e, quando chegava sua vez de falar, permanecia paralisado e mudo diante da classe. Ele já era uma pessoa madura e virou motivo de gozação por parte dos colegas mais jovens. Não precisa dizer que não levou muito tempo para ele abandonar o curso. Esse é um ótimo exemplo de uma empresa que não tem o foco em atender às expectativas do cliente.

# DE VOLTA À ESTRADA

Quando comecei a lecionar na sala de casa, eu pensava com a cabeça de professor. Meu objetivo naquele período inicial do projeto era conquistar mais alunos, ensiná-los e receber o valor das mensalidades para pagar as despesas de casa. Envolvido com a dinâmica das lições, eu não raciocinava como empresário. A maior ousadia que eu me permitia era sonhar ganhar um pouco mais. Dizia para mim mesmo: "Se um dia eu chegar a ganhar 10 mil reais dando aulas particulares, serei o professor mais feliz do país". No dia que alcancei essa receita, imaginei o quanto seria bom se eu conseguisse dobrar esses ganhos, passando para o patamar de 20 mil reais. O tempo passou e alcancei esse objetivo. E assim fui aumentando gradualmente minha capacidade de gerar renda.

Em seguida, passei a me questionar: "Será que esse sistema de ensino pode ser duplicado, multiplicado, utilizado por outros professores de forma que eles tenham uma renda semelhante?" Comecei a imaginar como seria bom se eles também ganhassem 10, 20 mil reais ou mais por mês dando aulas. Se eu estava fazendo isso, eles também poderiam conseguir. Naquele instante, pensei dessa forma: "Se algum dia eu conseguir formar uma rede com 100 professores e cada um tiver 100 alunos, eu serei o empresário mais feliz desse país.

Costumo dizer que a empresa quando nasce é a empresa do eu sozinho. Ou seja, você precisa fazer de tudo. Naquele momento meu pai já estava aposentado. Ao observar meu desespero em dar conta de tudo sozinho e sem condições de contratar ninguém, resolveu sair de Curitiba e ir para Mogi Guaçu me dar uma força. Eu agradeci muito. Fiquei comovido com a iniciativa dele, mas no fundo eu me questionava: "Como meu pai vai poder me ajudar a fazer esse negócio crescer?" Meu pai não fala uma palavra de inglês. Passou a vida inteira viajando de caminhão pelo interior do Paraná. Escolaridade? Somente o básico. Eu pensava comigo: "Talvez ele possa ajudar a cuidar dos netos. Sei lá... não imagino o que ele vai poder fazer".

Depois de chegar a Mogi Guaçu, em dado momento tivemos o seguinte diálogo:

- Meu filho, me diga como você vai fazer uma fortuna com esse negócio?

- Bem, pai, eu não sei bem ao certo. Eu tenho vários planos na cabeça. Temos vários alunos.

- Esse é seu plano? Ter cada vez mais alunos?

- Sim, bem, quer dizer, não. O que eu pretendo mesmo é ter uma rede de professores. Quem sabe uma rede de escolas?

- Rede de professores? Como assim?

- Eu acredito que meu método pode ser usado por professores de outras cidades.

- E você já tem o método?

- Bem, eu tenho uma apostila com 24 lições.

- Só isso meu filho?

- Sim, a Vânia já disse que a apostila está muito pesada. Alguns alunos estão reclamando que não dão conta da matéria. Talvez eu tenha que dividir essa apostila em duas.

- Já entendi, meu filho. Então sua fortuna está em achar professores para usar seu método e daí você vai vender as apostilas para os alunos deles. É isso mesmo?

- É, pai, acho que você definiu bem meu futuro.

- Tudo bem, então vamos pegar o carro e ir atrás de professores.

- Pai, pegar o carro? Ir atrás de professores? Como assim? Onde?

- Nossa, meu filho! Viajei com você por tantos anos vendendo pelo interior do Paraná... Você já se formou nos Estados Unidos e ainda não aprendeu o básico? A única razão de uma empresa existir é para fazer vendas. Se não houver vendas, a empresa não existe.

Naquele momento fiquei muito sensibilizado com os anos acumulados de experiência e sabedoria de meu querido pai. Sua visão comercial e vivência de décadas

> **A única razão para uma empresa existir é fazer vendas. Se não houver vendas, a empresa não existe.**

visitando milhares de clientes era uma riqueza que eu não tinha. Enquanto minha cabeça estava cheia de planos e ideias, ele tinha experiência prática de negociar, argumentar e convencer o cliente, gerar receita e lucros.

No dia seguinte, seguindo a orientação dele, enchemos uma caixa de apostilas, colocamos no banco de trás da minha Brasília azul e saímos pelo interior do estado de São Paulo em busca de professores. Em cada cidade visitávamos os principais colégios e nos reuníamos com os diretores. Algumas vezes, todos os professores vinham ouvir o nosso discurso. Jamais vou esquecer uma cena extremamente ousada de meu pai. Certa vez, fomos visitar um colégio e nos sentamos em volta de uma mesa com o dono da escola e mais três professoras de inglês. Meu pai cumprimentou cada um e depois fez uma pergunta totalmente inesperada:

– Sendo que vamos apresentar um novo método de se aprender inglês, vocês preferem fazer a reunião em inglês ou em português?

Eu me contive para não rir. As professoras se desculparam por sua falta de habilidade no inglês. E o diretor completou: "Se vocês não se importam, vamos fazer a reunião em português mesmo. Pode ser?". Mal sabiam eles que meu pai não falava um "A" em inglês.

Certo dia, me falaram de um professor de Araraquara, interior de São Paulo, chamado Carlos Alberto Rocha. Ele era mórmon e também dava aula de inglês. Poderia se tornar um novo cliente, adotar o novo método de ensino e passar a atender as pessoas interessadas de sua cidade. Fui até sua casa para conhecê-lo. Ele ficou inicialmente desconfiado com a promessa de aprender inglês em 24 horas. Expliquei os detalhes, mostrei a apostila, detalhei o método de ensino e apresentei os argumentos de venda. Ele aceitou fazer um teste. Mas disse não ter dinheiro para comprá-las. Mesmo assim, ficou com algumas apostilas e me entregou um cheque para 30 dias. Se desse certo, eu poderia descontar o cheque. Se desse errado, ele devolveria as apostilas, e eu, o cheque. Algumas semanas se passaram e o telefone tocou em Mogi Guaçu. Era Rocha. Do outro lado da linha, sua voz era de contentamento: "Olá Carlos, tenho boas notícias. Pode descontar o cheque. Sim, pode descontar e por favor me mande mais três apostilas. Consegui mais três alunos."

No início era assim. O professor primeiro esperava matricular um ou dois alunos para depois pedir uma ou duas apostilas. Fazer estoque de material? Nem pensar. O curso fez muito sucesso em Araraquara. Eram empresários, executivos e estudantes querendo estudar inglês e aprender o mais rapidamente possível. Carlos Alberto Rocha se tornou o primeiro concessionário. Na época, nem chamávamos os professores de franqueados. Afinal, o sistema de franquias ainda não existia no Brasil. Depois dele vieram outros, como a professora Maria Antonieta, de Mogi Guaçu, e Ângela Villela, de Araras.

Quando voltávamos para casa após a viagem, ficávamos em volta da mesa conversando sobre nossas aventuras. A Vânia aproveitava para contar suas experiências com os alunos. As histórias eram todas muito engraçadas. Certa vez, ela teve um aluno que pagou pelas 24 aulas. Mas tinha tanto bloqueio de aprendizado que ao término do curso não tinha atingido a lição 10. Foi aí que Vânia me convenceu a dividir a apostila em duas deixando o conteúdo mais acessível. Meu pai lembra até hoje de termos uma referência de uma professora de Americana. Estávamos voltando para Mogi Guaçu, já tarde da noite. Ficamos na dúvida se iríamos bater na casa da professora. Meu pai me convenceu com esse argumento: "Esse método vai mudar a vida dela. Se ela for a pessoa certa, não vai se importar de nos receber mesmo a essa hora." Encontramos o endereço. Batemos palmas em frente ao portão por volta das 22h. A casa estava toda escura. Após nossa insistência, uma luz se acende e uma mulher aparece na janela. Nós havíamos literalmente tirado a mulher da cama. Até hoje não acredito como conseguimos entrar na casa da Monica Maluf tão tarde da noite. Meu pai tinha razão. Ela era a pessoa certa, pois aceitou a nossa proposta. Mais tarde ela viria a se tornar uma grande franqueada da rede até voltar ao Chile, sua terra natal.

E foi assim que tudo começou. Minha mãe Hilda Martins cuidava das crianças em Mogi Guaçu, enquanto Vânia dava aulas o dia inteiro. Eu e meu pai, Antonio Martins, vivíamos sempre na estrada em busca de novos professores. Ele dirigia a Brasília, enquanto eu ia ao seu lado com as mãos cheias de papel escrevendo novas lições para montar uma nova apostila. Escrevia tudo à mão, depois eram datilografadas quando eu chegasse em casa. Datilografadas? Mas o que é isso? – Seguramente perguntarão os mais jovens. Sim, na década de 1980 os computadores ainda não existiam. A máquina de escrever era o único recurso que tínhamos para fazer um trabalho minimamente apresentável. Estava longe de ser um material didático elegante, colorido, com imagens atrativas. As primeiras apostilas foram reproduzidas em máquinas Xerox.

# SEGREDO DO SUCESSO: DEFINIR SEU PÚBLICO-ALVO

Outra decisão importante que tomei quando comecei a dar aulas foi definir qual seria o meu público-alvo. É fundamental para qualquer empresa ter absolutamente claro para quem ela quer vender o seu produto ou serviço. Isso possibilita conhecer melhor as necessidades daquele grupo de pessoas, adequar melhor seus argumentos de venda na hora de abordá-lo, fazer ajustes finos no produto ou no serviço a fim de garantir sua satisfação e criar um terreno favorável para o estabelecimento de uma relação de confiança que permita uma nova compra no futuro. Com isso em mente, defini que meu objetivo era dar aulas para adultos. Especialmente para executivos que valorizavam o inglês e tinham urgência no aprendizado.

Os bons resultados obtidos pelos primeiros professores foram essenciais para despertar a atenção de outros professores interessados em ensinar inglês em suas respectivas cidades. Acredito que para um negócio ser bem-sucedido ele necessariamente precisa poder ganhar escala. Nesse começo, o meu desejo de crescer de forma rápida e marcar presença em outras cidades ou estados fez com que eu abrisse mão de ser rigoroso em relação à condição financeira dos professores. Não exigia que a pessoa interessada em adotar o método fizesse qualquer investimento pois ainda não era necessário. Para mim o mais importante era ter mais um cliente, mais um ponto, mais uma cidade. Bastava o professor dominar o idioma e se comprometer a usar a metodologia e ele já estava apto a entrar para a rede.

Finalmente, conforme eu visualizara, com o passar do tempo cheguei a ter 100 professores parceiros que adotavam o meu método de ensino. Naquele instante eu me senti realizado e frustrado ao mesmo tempo. Foi quando descobri que professores são excelentes profissionais de ensino, mas não são necessariamente empreendedores. Constatei que cada um tinha sua própria ambição. Alguns tinham 10, 20, 30 alunos e se diziam satisfeitos. Tudo que almejavam era preencher seu calendário com aulas e já estavam contentes. Poucos tinham uma visão empresarial e a ambição de desenvolver um negócio em larga escala.

Foi nesse momento que mudei novamente minha estratégia. Em vez de continuar em busca de professores para se tornarem parceiros no negócio, passei a buscar pessoas com perfil empreendedor. A razão da mudança era bastante simples. O empreendedor sabe tocar o negócio, ter visão comercial, identificar oportunidades e administrar os recursos. Os professores seriam contratados como colaboradores ou em algumas situações poderiam entrar como sócios do negócio. E cada um atuaria dentro da sua especialidade. A partir desse ponto, o crescimento e expansão do negócio ganhou outro ritmo.

# NASCE CARLOS WIZARD

Em 1988 eu e Vânia decidimos sair de Mogi Guaçu e mudar para Campinas. Uma cidade maior, com mais possibilidades para o negócio crescer. Alugamos uma casa no bairro do Cambuí. Não era grande, mas tínhamos um bom espaço: três quartos, sala, copa e cozinha. Meus pais nos acompanharam e vieram morar conosco para nos ajudar naquele recomeço. As aulas eram dadas em casa, mas desta vez em três cômodos. A família se dividia no espaço restante. Mesmo com os gêmeos pequenos e uma filha recém-nascida, naquele momento a prioridade eram os alunos. Afinal, o nosso sustento vinha das mensalidades que eles pagavam.

Na nova casa em Campinas, toda a família arregaçava as mangas e pegava no batente. Era preciso dar as aulas, preparar as apostilas, atender ao telefone, receber os alunos, apresentar o método, orientar os professores parceiros em outras cidades, levar material no correio aos professores, ir ao jornal por anúncios, sem contar a limpeza da casa. No início, todas essas tarefas eram divididas entre mim, Vânia e meus pais, que faziam o melhor possível para nos apoiar e ao mesmo tempo disfarçar suas preocupações quanto ao futuro da família. Após trabalhar comigo por um ano, meus pais (que já tinham seis filhos morando nos EUA) resolveram trocar Campinas por

Utah e me deixaram seguir meu próprio caminho. Ao agradecer por tudo que fizeram, nos abraçamos e eu perguntei a meu pai:

– O que o Sr. acha que vai ser o futuro de nossa escola?

Sua resposta me surpreendeu:

– Sinceramente, meu filho, eu não sei. Só Deus sabe dizer.

Meu pai não podia estar mais certo em sua resposta. A partir daquele início tão amador e modesto ninguém conseguiria prever o que a escola se tornaria no futuro. Meus pais seguiram avante rumo à realização do sonho americano. Eu e Vânia em busca de fazer a América aqui no Brasil.

As aulas estavam indo bem, mas o nome original da escola, Conversation Center, enfrentou um problema. Certo dia, fui falar com o Dr. Paulo Roberto Toledo Correia, advogado especializado no registro de marcas e patentes. Ele me alertou e disse que esse nome era muito vago, genérico demais. E não me dava o direito de exclusividade de uso. Fiquei preocupado. Precisava mudar. Comecei a pensar em alternativas, até que me lembrei do filme clássico The Wizard of Oz. Wizard, em inglês, significa mágico. Tinha tudo a ver. Afinal, se eu estava mesmo propondo fazer com que meus alunos aprendessem inglês em 24 horas, eu deveria mesmo ser mágico, o mago da conversação. O nome era sonoro, chamativo e tinha muito charme. Bati o martelo, o nome estava definido. Inicialmente registrei a marca The Wizard of Conversation. Mais tarde, adotamos apenas Wizard.

Um ano depois, Márcia Rossi, a franqueada de Mogi Mirim, veio me visitar em Campinas.

– Carlos, tenho uma sugestão para você.

– Pois não, Márcia. Pode falar.

– Estive pensando que você deve adotar o nome Wizard em seu nome civil.

– Que ideia maluca é essa Marcia?

– O fundador do Fisk se chama Richard Fisk. O fundador do Yázigi se chama Cesar Yázigi. Você, como fundador da escola, passará a se chamar Carlos Wizard.

– Sem chance, Márcia.

– Então, você não ama essa marca?

– Sim, claro que amo. Mas entre amar a marca e colocar a marca no meu nome civil há uma distância muito grande.

– Então vou lhe fazer um desafio. Se você não colocar Wizard em seu nome, vou colocar no meu.

Naquele momento pensei comigo: "Antes de ela incorporar Wizard ao nome dela, é melhor eu incluir no meu." Cada vez que me encontro com a minha amiga Márcia eu lhe digo:

– Obrigado pela sugestão. Hoje eu sou Carlos Wizard graças a você.

Quando comemoramos o 25º aniversário da escola, fizemos uma grande festa com mais de mil franqueados, professores e coordenadores. Naquela ocasião, chamei a Márcia à frente do auditório e lhe entreguei uma placa de honra ao mérito. Na placa seu nome era Márcia Wizard Rossi.

● ● ●

Muitas pessoas me perguntam se, considerando a crise que o país atravessa no momento, há espaço e oportunidade para a abertura de um novo negócio. Eu costumo responder relatando que no final da década de 1980 o Brasil enfrentou a maior crise financeira de sua história. A inflação estava na casa de 60%, 70%, 80% por mês. Para a maior parte das pessoas isso é algo inimaginável. Fica difícil acreditar que conseguimos sobreviver a tamanho cenário perverso. Digo perverso porque era justamente o que aquilo tudo representava. Para os mais jovens, que não viveram aquele período, vale lembrar que a pessoa que recebesse seu salário no primeiro dia do mês, chegava ao final daquele mesmo mês com essa mesma soma valendo 80% menos. O valor do dinheiro era corroído de maneira implacável. Os bancos criaram a conta corrente remunerada, que diariamente rendia uma correção para minimizar as perdas com a inflação. Para quem tinha conta em banco, era uma forma de perder menos. O problema era a grande massa da população brasileira que não tinha acesso aos serviços bancários. Essas pessoas não podiam se proteger da inflação. Assim que recebiam algum dinheiro, elas corriam rumo ao supermercado para comprar tudo o que pudessem, pois se não agissem dessa maneira não conseguiriam comprar os mesmos produtos no dia seguinte. Em um cenário como esse, só poderia haver desabastecimento de produtos nos supermercados. Eu me lembro de sair de casa com minha esposa e os filhos gêmeos para ficar em uma fila de supermercado esperando para cada um comprar um litro de leite.

Mesmo com essas imensas dificuldades, nunca deixei de acreditar na expansão do meu negócio.

Nessa mesma época, nascia a ABF (Associação Brasileira de Franchising). Comecei a frequentar a instituição, acompanhar palestras, cursos e seminários a fim de buscar orientação com os especialistas. Hoje em dia, meus principais negócios são baseados no sistema de franquia. Eu me considero um apaixonado por esse modelo comercial. Em minha opinião, a franquia é a forma mais segura e rentável de abrir o negócio próprio. Aquele que pretende ser um franqueado recebe uma marca consolidada, com produtos e serviços já testados, que já foram submetidos a uma extensa bagagem de treinamento e, acima de tudo, um fundo de marketing cooperado para divulgar o seu negócio. Todos esses são elementos essenciais para o sucesso de uma empresa. Sem contar que o franqueado pode ter múltiplas unidades e aumentar várias vezes sua capacidade de gerar renda.

● ● ●

À medida que o negócio crescia, o Carlos professor estava perdendo espaço para o Carlos empreendedor. Internamente eu vivia um certo conflito. Gostava de dar aulas, de ter contato com os alunos, de ajudá-los a aprender uma nova expressão em inglês. Por outro lado, tinha ambições, planos e estratégias para o crescimento da rede. Ficar dividido entre esses dois papéis poderia adiar o projeto maior de desenvolver a franquia. Ou pior ainda, fazer com que eu desempenhasse mal os dois papéis. Adiar demais essa decisão era um caminho certo para minha infelicidade e um risco para o crescimento da empresa. Eu sabia que teria que optar. Com esse pensamento em mente, resolvi franquear até mesmo aquela primeira escola e dedicar-me exclusivamente à expansão da rede, treinamento de franqueados, fortalecimento do sistema de forma geral.

# SEGREDO DO SUCESSO: TREINAR TREINAR TREINAR TREINAR SUA EQUIPE CONSTANTEMENTE

Um dos desafios que eu enfrentava com a expansão do negócio pelo modelo de franquia era manter o mesmo padrão de qualidade, gestão e ensino em todas as escolas. Não foi algo fácil de conseguir. Alguns franqueados eram ótimos professores, mas não se mostravam bons gestores. Havia também pessoas que sabiam como tocar o negócio com habilidade, visão e estratégia, mas por outro lado não tinham bom desempenho em sala de aula. Procurei treiná-los em várias frentes, o que trouxe bons resultados. Com o tempo, percebi que o empreendedor não precisa ter necessariamente todas as habilidades. Por exemplo: se um franqueado é um bom administrador, ele pode contratar bons professores para dar as aulas. E vice-versa. Em alguns casos a melhor opção é a criação de uma sociedade, onde cada um dos sócios atue dentro de sua especialidade.

Uma das empresas que mais me impressiona em relação à padronização é a rede de comidas mexicanas Taco Bell. Foi por isso que resolvi trazê-la ao Brasil. Se você pedir um taco ou quesadilla em São Paulo, Europa, Estados Unidos ou na Ásia, notará a mesma qualidade no atendimento, na apresentação visual e no sabor de seus lanches. O ambiente, o atendimento e o lanche são exatamente iguais. Você já parou para pensar quem são os funcionários que atendem milhões de clientes nessas lojas de fast-food? Geralmente são adolescentes que estão tendo a oportunidade do primeiro emprego e que em sua grande maioria nunca tinham cozinhado nada na vida antes de serem contratados. Esses jovens são os grandes cozinheiros das principais redes de fast-food do mundo inteiro e que preparam os lanches campeões de vendas. Como isso é possível? Através de muito treinamento e um contínuo processo de produção repetitivo. Quem monta o taco sabe exatamente a sequência e as quantidades corretas de carne, alface, tomate, queijo e sour cream e, além do mais, o lanche tem que chegar às mãos do cliente em poucos minutos.

Devido à minha paixão pela área de educação, treinar os franqueados tornou-se uma necessidade para garantir a padronização da escola. Eu passava dias e mais dias inteiros em convenções regionais e nacionais explicando o método de ensino, como captar e fidelizar os alunos. Os professores prestavam muita atenção, anotavam tudo e faziam elogios. Estavam animados com a possibilidade de atrair muitos alunos para sua escola e aumentar a rentabilidade de seu negócio.

Eu sempre agradeço e reconheço a contribuição inestimável que recebi de centenas de companheiros franqueados. Certa vez, logo no início destes treinamentos, um professor de Ponta Grossa, Raul Pimentel, disse estar preocupado com um detalhe. Perguntei o que o incomodava. Ele foi direto:

- Carlos, não entendo muito bem como fazer essa sequência de frases para o aluno praticar.

- Esse é um processo simples – argumentei. Você começa formulando frases básicas, depois vai aumentando a complexidade e o pessoal vai repetindo. São 100 frases por aula. Qual é sua dúvida?

- Eu quero saber quais frases são essas. Onde elas estão? De onde elas vêm? Como você forma essas tais frases?

Fiquei sem ação. As frases estavam na minha mente. Sempre estiveram. Nunca pensei em colocá-las no papel e apresentá-las numa sequência minimamente lógica por aula. Era um método intuitivo. Diante dos alunos eu ia dizendo de forma espontânea as frases que vinham à minha mente numa sequência lógica e que considerava importante para ajudar no aprendizado e no dia a dia do aluno. Ainda tentei argumentar dizendo que eles podiam escolher as frases que desejassem, mas o Raul tinha razão. O método funcionava comprovadamente, porém as frases precisavam ser predefinidas e padronizadas. Alterar as frases significaria mudar o método. E se cada um fizesse do seu jeito, adeus à padronização. Portanto, foi logo no início do projeto que sem saber acabei padronizando a sequência de frases para cada aula. Eram 100 frases para cada uma das 24 aulas. Ao todo eram 2400 frases. Repassei as frases predefinidas a todas as escolas que assim começaram a seguir rigorosamente cada linha da metodologia.

● ● ●

Os negócios começaram a crescer e tinha chegado a hora de tirar a família de dentro da escola. Além disso, Vânia estava novamente grávida, agora da Priscila. Aquela situação de dividir o imóvel em salas de aula e residência havia ficado insustentável. Sempre fui contra pagar aluguel por tempo indeterminado para moradia. Infelizmente pouca gente entende que o primeiro imóvel que você comprar não será a casa dos seus sonhos. Por uma questão de princípio financeiro, ela será apenas um meio de você fugir do aluguel residencial. Isso significa que você precisará se submeter a morar num bairro distante, afastado do centro e com poucas conveniências. A pessoa inteligente sabe que os anos vão passar e seu imóvel irá se valorizar, o conforto irá chegar e daí, se você desejar, poderá dar esse imóvel de entrada num local melhor de sua escolha. Quem adota essa postura jamais se arrependerá. Quem não a pratica corre o risco de passar toda a vida morando em imóveis de terceiros, sempre reclamando do proprietário, nunca fazendo reformas, consertos e melhorias no imóvel e, pior de tudo, fica queimando o dinheiro do aluguel pago mensalmente. Pessoas com essa visão precisam rever seus conceitos se pretendem vencer financeiramente. Foi por isso que, em nossa pobreza, resolvemos comprar uma pequena casa, mesmo que num bairro bem afastado do centro. Mas como comprar uma casa sem recursos? Com as aulas de inglês havíamos conseguido acumular uma pequena economia. Como meus pais e meus seis irmãos moravam nos EUA, resolvi apelar por socorro. Conversei com cada um para saber se podiam me emprestar qualquer valor que me ajudasse a dar a entrada da pequena casa.

> **Livre-se do aluguel o mais breve possível.
> Do contrário você estará rasgando dinheiro.**

Um me emprestou mil dólares, outro dois mil, outro ainda cinco mil dólares. No final, conseguimos dar a entrada e assumimos um financiamento de longo prazo no imóvel. Até hoje sou grato pela confiança que tiveram em mim num momento em que meu futuro financeiro era totalmente incerto.

Durante aquela época, eu trabalhava num ritmo acelerado, de manhã até tarde da noite. Não sentia cansaço. A vontade de fazer a empresa crescer, conquistar mercado e lucrar era maior do que tudo. Quando você é um empreendedor de verdade, não pensa em outra coisa. Até mesmo na hora de dormir seus sonhos giram em torno dos negócios. Eu me envolvia de corpo e alma. Mas essa postura pode ser perigosa. Só pude perceber isso quando um dia cheguei em casa próximo à meia-noite e encontrei uma carta de minha mulher em cima da mesa. A carta dizia mais ou menos assim:

"Meu bem, ando preocupada com você. Queria muito conversar sobre esse assunto, mas achei melhor escrever. Não me leve a mal. Escrevo pensando em seu bem-estar e de nossa família. Observo que você é muito esforçado em seu trabalho, muito dedicado, responsável, leva tudo muito a sério. Mas acontece que temos filhos pequenos para criar. Muitas vezes você sai de casa às seis horas da manhã, passa o dia inteiro longe de casa. Quando volta à noite, as crianças já estão dormindo. Lembre-se de que as meninas pequenas esperam, querem e precisam receber seu abraço. Os meninos ainda pequenos querem ver o pai chegar em casa para jogar bola. Você não pode roubar esse momento da vida de nossos filhos. Sei que sua intenção de trabalhar tanto é boa e que faz isso visando nosso bem-estar. Mas sinto que está havendo um desequilíbrio muito grande entre trabalho e nossa vida familiar. Já orei a Deus sobre isso e sabe qual foi a resposta? Você deve colocar a família e Deus em primeiro lugar. O Senhor vai enviar pessoas honestas e competentes para trabalhar ao seu lado. Então eu gostaria de convidá-lo a ficar mais presente em casa. Confie nessa promessa. Confie em Deus. Não precisa temer. Eu te amo muito."

Fiquei emocionado com as palavras de Vânia. Naquele momento, decidi que iria mudar o meu ritmo de vida. Não seria fácil, mas sou disciplinado. Quando me proponho a fazer algo, eu simplesmente tomo todas as medidas necessárias para que tudo aconteça conforme planejado. Mesmo trabalhando bastante, comecei a priorizar a minha família. Procurava chegar em casa mais cedo para jogar bola com os gêmeos, arranjei um espaço para as meninas criarem seus coelhinhos. Mas os coelhos não gostaram muito quando os gêmeos resolveram ter um cachorro em casa. Era uma ameaça constante. Essa vida mais equilibrada entre trabalho, família e igreja me fez bem e me tornou uma pessoa mais centrada e mais feliz. Hoje eu continuo trabalhando bastante, mas procuro sempre manter a família em primeiro lugar. Aos domingos, vamos todos juntos à igreja. Não aceito convites para reuniões ou para fazer palestras nos finais de semana. Os almoços de domingo são sempre em minha casa com os filhos e meus 16 netos queridos. Sem mencionar o fato de que em uma família grande assim, a cada 15 dias tem um aniversariante.

# PAIXÃO PELO EMPREENDEDORISMO

Procuro transmitir essas experiências que aprendi ao longo de minha vida a todos aqueles que se interessam pela busca do sucesso. Minha trajetória pessoal tem sido pautada por uma combinação de elementos racionais, emocionais e espirituais. Hoje em dia eu me sinto feliz em fazer palestras, escrever livros, criar vídeos e podcasts com o objetivo de inspirar e motivar aqueles que estão em busca da realização pessoal através do empreendedorismo.

Não vejo sentido em ver empresários guardando a sete chaves os conhecimentos que, se transmitidos, poderiam ajudar outras pessoas a enfrentar e superar dificuldades, seja na profissão ou no mundo dos negócios. Considero que o sucesso somente é sucesso de verdade quando é compartilhado. O mundo corporativo não precisa ser uma selva inóspita. Ao contrário: deve estar com suas portas abertas para novos empreendedores, novos negócios, novas propostas, novos modelos de gestão.

Levar minha experiência e meus conhecimentos àqueles que desejam aprender algo novo e inspirador é uma missão de vida que abracei de coração. Por essa razão, resolvi criar a plataforma online www.dozeroaomilhao.com.br para atender um número cada vez maior de jovens empreendedores e dar toda a atenção necessária que cada um precisa e merece. Quero que eles tenham sucesso, cresçam, gerem riquezas e empregos; em resumo, que contribuam para o desenvolvimento da sociedade.

Essa postura aberta faz com que as pessoas se aproximem mais e compartilhem seus desafios e suas vitórias. Sou questionado com alguma frequência sobre o que é preciso para uma empresa ser bem-sucedida. Já ouvi essa pergunta feita tanto por empresários como executivos, universitários, economistas, consultores e administradores de empresas. Não sou de ficar citando teorias complexas. Como disse antes, sou um homem prático e objetivo. Planejo menos e atuo mais. É o meu jeito de ser. Não significa que o contrário esteja errado. Mas o fato é que eu tenho definidas as características essenciais para as minhas empresas terem sucesso. E se servem para as minhas empresas, podem servir para as demais.

## SÃO TRÊS ASPECTOS:

### VOCÊ PRECISA TER UM PRODUTO
#### OU SERVIÇO MELHOR DO QUE O DO SEU CONCORRENTE

**1** Se seu produto ou serviço for igual ao que já existe no mercado, você não vai conseguir se destacar e irá cair na vala comum. Para o consumidor, não haverá nenhuma diferença entre escolher a sua marca ou uma outra qualquer. Tanto faz. Não haverá nenhum ganho para quem está disposto a pagar pelo seu produto ou serviço. Portanto, busque se diferenciar. Ofereça algo melhor do que existe por aí e que proporcione uma experiência positiva às pessoas. Elas tenderão a se tornar fiéis à sua marca.

## OFEREÇA UM PRODUTO OU SERVIÇO
### QUE PERMITA SEU CLIENTE GANHAR TEMPO

**2**

O tempo se tornou algo muito escasso, por isso valioso nos dias atuais. Se você vai a um médico e ele o deixa esperando por horas na antessala, é capaz de ficar doente de raiva, não é mesmo? Como fica seu humor quando está preso num congestionamento interminável? Qual é a sensação de ir a um restaurante e a recepcionista lhe dizer que há uma fila de espera de 45 minutos? Até o seu apetite desaparece com essa resposta. Esses três exemplos mostram o quanto perder tempo é algo profundamente desagradável e irritante para o consumidor. Mais do que isso: é um desperdício de vida. Você poderia ter aproveitado esse tempo para ler um bom livro, conversar com um amigo, passar mais tempo com a família. Cada vez mais as pessoas estão dispostas a fazer qualquer coisa que lhes permita ganhar tempo. Quando lancei a chamada "Fale inglês em 24 horas", havia na mensagem um claro apelo que prometia acabar com a perda de tempo. Procure na sua empresa formas de proporcionar ao seu cliente ou consumidor um importante ganho de tempo.

## COBRE UM PREÇO JUSTO
### PELO PRODUTO OU SERVIÇO PRESTADO

**3**

Não estou dizendo que é preciso cobrar menos do que a concorrência para ganhar a preferência das pessoas. Além de ineficiente, essa estratégia pode levá-lo à falência. Mas, depois de você cumprir os dois princípios acima, você estará apto a praticar um valor adequado por seu produto ou serviço. O consumidor está disposto a pagar mais desde que perceba que seu produto ou serviço vale mesmo a pena. Vamos tomar como exemplo os terríveis produtos falsificados. No desejo de economizar, alguém decide comprar uma boneca de um camelô para dar à sua filha no Natal. Ao pegá-la nas mãos, percebe que a qualidade deixa a desejar. O plástico é muito duro, não houve cuidados básicos com o acabamento e há o risco de que algumas peças se soltem e possam colocar em risco o bem-estar da criança. A pessoa logo desiste da compra. Vai até uma loja e pede para o vendedor um produto original. Percebe que a boneca que agora está em suas mãos é bonita, bem-acabada e tem a aprovação do selo do Inmetro. Custa bem mais do que aquela oferecida pelo camelô, mas seguramente vai durar muito mais também. Você não tem dúvidas: escolhe a melhor e mais cara. Mesmo gastando além do planejado, está feliz e satisfeito pela compra.

# SEGREDO DO SUCESSO: POUPAR NA ORIGEM

Decorridos 10 anos da abertura da empresa contávamos com cerca de 200 escolas em todo país. Resolvi celebrar a data em grande estilo. Tive a ideia de realizar uma convenção internacional, mais precisamente em Orlando, na Flórida. Afinal, era uma data especial. Além disso, o pessoal ficaria feliz e se divertiria muito visitando os parques e fazendo compras. Eu aproveitaria a oportunidade para promover palestras e workshops além de fazer homenagens a franqueados e colaboradores.

Nosso grupo desembarcou nos Estados Unidos pronto para passar dias inesquecíveis. Eu não conseguia esconder a minha alegria por estar vivendo aquele momento tão especial. Porém, numa determinada noite, no aconchego do quarto do hotel, Vânia acabou com minha empolgação. Disse que não entendia a razão de tanta euforia. Dei uma resposta que hoje defino como romântica:

– Meu amor, há dez anos nós começamos do zero. Dávamos aulas na sala de nossa casa. Agora temos uma rede de escolas maravilhosa. Empregamos milhares de professores, os alunos adoram a metodologia de ensino e damos uma importante contribuição para a educação do país.

Lá estava eu novamente com a cabeça nas nuvens. Vânia decidiu que era hora de me chamar para a realidade. De repente, ela me fez uma pergunta que mudou totalmente o curso de minha condição financeira.

– Você sabe dizer quanto temos na conta bancária?

– Meu amor, sinceramente, eu não sei.

– Mas, eu sei. Disse ela.

– Quanto, meu amor? Diga de uma vez.

– Então saiba que após 10 anos de trabalho tudo que você conseguiu acumular foram 3 mil reais.

Não acreditei no que estava ouvindo. Como aquilo era possível? Tínhamos 200 franqueados. As salas de aula estavam cheias de alunos. Nosso método estava fazendo o maior sucesso. A cada mês vendíamos novas franquias. E só tínhamos 3 mil reais no banco?!

Aquela era a dura realidade. Comecei aquela convenção me imaginando nas nuvens e de repente fui despertado por Vânia. Eu me senti no ponto zero novamente. Achei que o jogo já estava ganho, mas ao longo de 10 anos descuidara da parte financeira. Ainda não tinha conseguido dar a tranquilidade e o conforto que minha família tanto merecia. Precisava manter o ritmo acelerado de expansão dos negócios, porém precisava rever o meu jeito de lidar com o dinheiro. Do contrário, talvez iriam se passar mais 10 anos e eu continuaria com 3 mil reais na conta se perpetuasse meu hábito de ganhar e gastar, ganhar e gastar, e gastar um pouco mais.

O autor sugeria que o empresário que desejasse vencer financeiramente deveria preestabelecer, predefinir, prefixar qual seria o percentual de lucro que desejaria obter de seu negócio. Não importa qual fosse a margem de lucro almejada ou projetada, cinco, dez, quinze ou vinte por cento do faturamento do negócio. Porém, o fator mais importante é que tão logo a receita entrasse na empresa, imediatamente esse valor referente ao lucro deveria ser depositado numa conta separada destinada à formação de seu patrimônio futuro.

O autor era enfático em dizer que se você realmente deseja vencer financeiramente, precisa entender que parte de sua renda não lhe pertence, mas sim pertence à formação de seu patrimônio futuro. Acontece que se você não fizer isso por você, ninguém iria fazê-lo e no final das contas você jamais terá a sua riqueza tão almejada.

A partir daquela convenção eu sempre ia dormir pensando em 3 mil reais. Eu acordava de madrugada pensando nos 3 mil reais. Eu levantava de manhã pensando em 3 mil reais. Dirigindo o carro eu me perguntava: "Será que quem tem 3 mil reais no banco é uma pessoa bem-sucedida, vitoriosa, vencedora?" É claro que não. Eu me sentia péssimo diante dessa realidade.

Acredito numa máxima que diz o seguinte: "Quando o discípulo está pronto, o mestre aparece". Significa que a pessoa pode buscar incansavelmente as respostas para seus dilemas, mas só irá encontrá-las quando estiver preparada. A águia, por exemplo, sabe que um filhote que mal criou penas ainda não tem condições de aprender a voar. Se tentar fazê-lo, irá se esborrachar no chão. Com o tempo, o filhote ganha peso, cresce e a penugem que cobre o seu corpo se transforma em penas fortes e resistentes. Naquele momento ele está pronto para voar.

Só encontrei a resposta que tanto buscava quando estava pronto para recebê-la, compreender o seu significado, tomar uma decisão objetiva e estar disposto a seguir a intuição. Eu estava num voo lendo uma revista de bordo. Passava os olhos pelos títulos das reportagens, lia uma ou outra legenda de foto e seguia em frente virando as páginas. Era como se estivesse no piloto automático. De repente, ao virar mais uma página, me deparei com o artigo de um economista que ensinava como fazer a gestão financeira de uma empresa, especialmente de uma empresa familiar de pequeno porte. Assim que comecei a ler as primeiras linhas, tive a certeza de que ali estava a resposta que eu tanto procurara. O título do artigo era "Poupar na Origem". Parecia que as letras saltavam da página e que aquelas palavras tinham sido escritas diretamente para mim.

O autor do artigo dizia que as empresas grandes têm a prática habitual de elaborar um orçamento anual. As pessoas que ocupam as posições de liderança analisam o desempenho do ano anterior e procuram fazer uma projeção das despesas e investimentos, entre outros aspectos, para o período seguinte. Ao longo do ano, todos procuram respeitar os limites estabelecidos. Ninguém pode gastar mais do que o combinado. Se uma determinada despesa não está prevista no orçamento, ela não pode ser feita. Embora seja um princípio relativamente lógico e simples, as pequenas empresas não costumam ter esse tipo de cuidado. Geralmente vão tocando os negócios e lidando com as despesas mês a mês, sem uma visão clara de quais são os objetivos que garantirão a sobrevivência do negócio.

O texto ia além. Sugeria que o pequeno empresário deveria preestabelecer, predefinir, prefixar qual seria o percentual de lucro que desejaria obter de seu negócio. Não importa qual fosse a porcentagem, cinco, dez, quinze ou vinte por cento do faturamento do negócio. Porém, o fator mais importante é que tão logo a receita entrasse na empresa, imediatamente esse valor deveria ser depositado numa conta para a formação de seu patrimônio futuro.

O artigo enfatizava que o empreendedor precisava ser disciplinado e jamais gastar esse dinheiro. Teria que fazer a gestão da empresa como se aquela grana não existisse. Era uma receita infalível para guardar dinheiro e fazer o bolo crescer. Naquele momento comecei a pensar: "Mas se eu for retirar 5, 10, 15 ou 20% do meu faturamento e depositar nessa conta formadora de meu patrimônio futuro, como vou fazer para passar o resto do mês? Como vou dar conta das despesas? Como será possível fazer investimentos, inovar, crescer?" A resposta do autor também era simples e de forma categórica: você deve pagar a si mesmo primeiro, depois que você foi remunerado (por você mesmo), o resto é o RESTO. Isso significa que você terá de fazer todos os ajustes necessários na planilha de custos de seu negócio para ter certeza que sua parte diária, semanal ou mensal esteja garantida. O autor era enfático também em dizer que se você não fizesse isso por você, ninguém iria fazê-lo e finalmente você jamais iria acumular uma fortuna.

Esse simples artigo sobre poupar na origem teve um grande impacto em meu modo de pensar e de agir, especialmente na forma de lidar com o dinheiro, tanto que adotei imediatamente o bordão "Eu me pago primeiro e o resto é o resto!". Sempre que alguém vinha se lamentar e dizer que estava difícil fazer um determinado trabalho com o orçamento mais limitado, eu dizia: "Líderes fazem mais com menos". Em pouco tempo, outros executivos da empresa passaram a dizê-lo também, transformando o bordão num traço marcante da nossa cultura empresarial. É claro que o artigo não tinha sido escrito para mim, mas foi essa a sensação que eu tive. Se não fora escrito para mim, seguramente uma força superior me fez pegar a revista, folhear as páginas e voltar minha atenção justamente para o texto que mudaria para sempre o curso de minha condição financeira.

Conversei com Vânia sobre o que tinha lido. Ela concordou com a ideia de começarmos a poupar na origem, garantindo assim a construção de um sólido patrimônio. Alertou-me de que teríamos de ser disciplinados e resistir a qualquer tentação de gastarmos esse dinheiro na compra de um objeto de desejo não necessário. Tínhamos mesmo que agir como se a grana não existisse. E assim fizemos. Esse tem sido o nosso modelo de gestão financeira desde então. É claro que começamos guardando uma porcentagem menor de nossa receita, então fomos gradualmente elevando nosso faturamento e nossa capacidade de gerir os custos do negócio, o que nos possibilitou aumentar essa margem separada para a formação do patrimônio futuro.

Com frequência eu repito que graças ao alerta severo de minha esposa naquela noite em Orlando, graças à decisão que tomamos de poupar na origem, e graças à determinação e disciplina de manter essa prática ao longo dos anos, saímos de uma conta bancária de 3 mil reais para uma conta milionária. Nós jamais teríamos chegado a esse patamar de realização financeira se não tivéssemos adotado o princípio de poupar de maneira constante e disciplinada na origem.

Por que eu relato essa experiência nesse livro? Porque foi através da prática desse modelo que eu consegui sair do zero e chegar ao primeiro milhão. E o mais importante é que você pode fazer o mesmo, e alcançar o mesmo resultado se esse for o seu desejo, se você desenvolver um negócio capaz de atingir o mercado em larga escala, e se você seguir o modelo de gestão financeira de poupar na origem de acordo com a porcentagem que você estabelecer.

Você vai descobrir também que depois de atingir seu primeiro milhão será mais fácil atingir o segundo, o terceiro milhão e assim sucessivamente. Porque você já dominou a técnica de ganhar, poupar e multiplicar seus recursos. Essa também foi a razão de termos criado as condições necessárias para adquirir outras empresas sempre com recursos próprios. Nunca tivemos que bater na porta do BNDES ou de bancos privados para pedir dinheiro emprestado. Isso nos deu condições de formar uma rede com 3 mil escolas, atendendo um milhão de alunos por ano, com um faturamento global de cerca de dois bilhões de reais. Foram esses indicadores que motivaram os britânicos saírem de Londres e virem ao Brasil com tamanho apetite para adquirir nossa empresa por um valor bilionário.

Não importa sua condição atual, tenha em mente que você só irá prosperar de verdade quando compreender que parte da renda que você ganha não é sua. Ela pertence à formação de sua fortuna futura. É a garantia de uma vida tranquila, com muita fartura, conforto, conveniências, liberdade financeira e paz de espírito. Mas para tudo isso acontecer você precisa adotar essas práticas agora, no presente, a partir de hoje mesmo, imediatamente.

Ao contrário do que muitos pensam, a gente não aprende a poupar na riqueza, e sim na pobreza. Pois se você nunca aprender a poupar na pobreza, nunca deixará de ser pobre.

Quem está se sentindo no fundo do poço neste exato momento pode se sentir aliviado, pois nunca é tarde demais para começar a administrar bem seus recursos. Mais importante do que saber ganhar é saber como poupar, economizar, guardar um pouco a cada mês e fazer seus recursos crescerem e se multiplicarem. Você literalmente pode sair do zero e chegar ao seu primeiro milhão se adotar os conceitos apresentados neste capítulo.

Posso ouvir agora a voz de um leitor me dizer:

– Carlos, mas como posso poupar se estou cheio de dívidas?

Bem, se essa é sua situação, gostaria de compartilhar com você uma experiência que tive pouco tempo após eu abrir minha primeira empresa. Fernando Collor de Mello foi eleito presidente deste país e sua primeira medida foi confiscar o dinheiro de todas as contas físicas e jurídicas do país. De um dia para o outro, não houve

**Parte de sua renda não lhe pertence. Ela deve ser destinada a formação de seu patrimônio futuro.**

sequer um cidadão brasileiro ou uma empresa que não tenha estado à beira do abismo, perdendo noites e noites em busca de solução para o insolúvel.

Eu tinha compromissos com funcionários e fornecedores, e necessitava de dinheiro para fazer funcionar o negócio, porém o caixa estava zerado. Nesse momento, pela primeira vez, foi preciso recorrer a um empréstimo bancário, coisa que provoca horror em minha esposa Vânia. Tomamos emprestado o dinheiro e solucionamos momentaneamente o problema. No entanto, no vencimento da primeira parcela, o caixa continuava vazio. Um mal-estar incomensurável tomou conta de Vânia, que cuidava das finanças e era supercontrolada. Mal-estar físico, psíquico, houve de tudo. Segundo mês, caixa vazio. À beira da depressão, Vânia tomou uma decisão e foi ao Banco Cidade de Campinas de onde tínhamos tomado o empréstimo. Ao ser atendida pelo gerente, chamado Basso, ela lhe disse:

– Devo ao banco e vou pagar cada centavo. Porém não estou em condições de honrar os pagamentos conforme o combinado.

– E o que podemos fazer?

– Vim fazer uma proposta que talvez não esteja nas normas bancárias.

Agoniada, ela silenciou por um minuto.

– Diga, minha senhora. Como você pretende pagar o empréstimo?

– Todos os dias, no final do expediente, recolho o que houver no caixa e trago ao banco. A cada dia vocês receberão um dinheirinho. Não será muito, mas assim vou pagando pouco a pouco, na medida do possível. Do contrário, fechamos.

– Realmente não é nada ortodoxo, não é uma norma. Aliás, é a primeira vez que um cliente se dispõe a pagar dessa maneira. Porém, cada situação é uma situação. Está bem assim! Aceitamos sua proposta, não custa.

Daquele dia em diante, todos os dias, pontualmente às 16h30, o vigia via a Brasília azul de Vânia se aproximar do banco e abria o portão. Ela chegava e depositava o que tinha sido arrecadado. Meses depois, a dívida estava saldada.

Passou o tempo e, certo dia, na escola, a recepcionista veio avisar que o gerente do Banco Cidade queria falar com ela. "Minha nossa, será que fiquei devendo alguma coisa? Um saldo escondido que rolou e cresceu com juros?" Temerosa, mandou Basso entrar.

– Olá Basso, quanto tempo...

– Verdade, sentimos sua falta no banco, já estávamos acostumados.

– E agora? Por acaso ficou alguma pendência no banco?

– Não, você não nos deve nada. Vim fazer uma visita, estamos com produtos novos, linhas de crédito especiais. Lembrei-me de você como ótima cliente, estou oferecendo recursos para investir e ampliar seu negócio.

– Ah, Basso! Muita obrigada. Mesmo! O senhor foi incrível pela paciência e pela confiança, somos gratos e temos a maior consideração. Porém, decidimos que a próxima vez que voltarmos ao banco será para aplicar nosso dinheiro. Não para tomar emprestado. Daqui para frente, dos bancos queremos os juros.

– Pois vou dizer que a senhora está certa.

Anos depois, Basso ligou para avisar que estava em outro banco e que se precisássemos de dinheiro ele estava à disposição.

Conheço poucas pessoas com a integridade da Vânia na condução dos aspectos financeiros. Seu exemplo de honradez e respeito com os recursos próprios e alheios me faz lembrar da parábola muito conhecida do diamante e do arroz.

Um certo príncipe, na época de se casar, resolveu fazer uma seleção entre as moças mais belas do reino. Ele tinha três pretendentes: todas lindas, prendadas e preparadas desde a infância para, um dia, serem as possíveis princesas da corte. Mas apenas uma poderia ocupar o lugar. A dificuldade para escolher aquela que o acompanharia pelo resto da vida era tanta que o príncipe decidiu se aconselhar com um sábio.

- Como vou saber qual delas devo escolher para ser minha esposa? - perguntou o príncipe.

- Faça o seguinte: dê um saquinho de arroz para cada uma delas, com um pequeno diamante escondido entre os grãos. Depois peça que preparem uma refeição para você e observe qual será a reação das moças - orientou o sábio.

E assim fez o príncipe. A cada uma deu o saquinho de arroz com um pequeno diamante escondido no interior e pediu que lhe preparassem uma refeição numa data marcada.

A primeira preparou uma gostosa comida para o príncipe, mas encontrou o diamante e guardou-o para si mesma, sem nada comentar. Depois de almoçar com a moça e observar que ela nada havia falado a respeito do diamante, foi direto conversar com o sábio, que deu o seu parecer:

- Apesar de prendada, a moça mostrou ser desonesta, pois guardou a joia só para si, sem dizer nada. Certamente esta não serve para ser sua princesa e companheira eterna.

Em seguida, o príncipe partiu para a casa da segunda escolhida. Chegando lá, deparou-se com um belo prato de arroz e com a notícia de que a jovem havia encontrado um diamante entre os grãos, tendo mandado fazer um lindo anel para si mesma com o achado. Após jantar com a moça, mais uma vez procurou o sábio para contar os fatos.

Diante do relato do rapaz, o sábio fez o seguinte comentário:

— A segunda candidata, apesar de prendada e honesta, é uma pessoa muito egoísta, e só pensa nela mesma. Sem perguntar nada para você, logo ficou com a joia para si. Não daria uma boa esposa.

Desiludido, o príncipe rumou para a casa daquela que seria a sua última pretendente. Para sua surpresa, ao entrar na residência da moça ele se deparou com um magnífico banquete! Havia de tudo. Além do arroz, pratos maravilhosos, feitos com especiarias importadas do Oriente, enfeitavam a enorme mesa.

- Como você conseguiu apenas com o arroz que lhe dei fazer tudo isto? — indagou o príncipe.

- Ora, você não vai acreditar! Eu encontrei um lindo diamante misturado no meio do arroz e achei que a joia que veio junto fosse para eu fazer um prato mais especial. Então, penhorei o diamante e, com o dinheiro, comprei temperos finíssimos e tudo quanto precisava para lhe oferecer este banquete. Com as receitas que conheço, chamei mulheres do reino para ensiná-las, cobrando uma moeda de ouro de cada uma. Assim, obtive de volta o valor do diamante e o recuperei, para devolvê-lo ao senhor - explicou a moça.

Após saborear o delicioso banquete, o príncipe, feliz e já imaginando qual seria a conclusão do sábio, foi correndo lhe contar o acontecido. Depois de narrar toda a história, ouviu enfim o que esperava:

- Além de dedicada, prendada e honesta, ela é muito inteligente. Esta se encaixa perfeitamente como sua futura rainha.

Quando casei com Vânia não consultei nenhum sábio, nem tampouco lhe entreguei um saquinho de arroz com um diamante dentro. Mas os anos de vivência comprovaram que ela é idêntica à rainha encontrada pelo príncipe.

● ● ●

Mais importante que saber ganhar
é poupar, economizar e multiplicar
os seus recursos.

# FAMILIA, FÉ
# E NEGÓCIOS

# COMO VOCÊ FAZ PARA CRIAR FILHOS EMPREENDEDORES?

Certa vez ouvi essa pergunta quando eu estava num encontro de empresários. Enquanto eu tentava organizar meus pensamentos para dar uma resposta satisfatória ao amigo, Lincoln, que estava ao meu lado, se antecipou e disse:

- Deixe-me explicar. Quando éramos crianças e íamos pedir um dinheirinho para o pai ele dizia assim: meus filhos, vocês querem um dinheirinho, então vou lhes dar um trabalhinho. Vocês querem um dinheirão, vou lhes dar um trabalhão. Assim, crescemos associando dinheiro como resultado de um trabalho. Maior ou menor. Isso ficou bem claro em nossa mente.

Ainda adolescentes, os gêmeos já trabalhavam na empresa fazendo tarefas simples, como contar, preparar e enviar os materiais para as escolas. Muitas vezes eles me acompanhavam em visitas às escolas. Eu também costumava levá-los às nossas convenções de franqueados. De certa forma, estava repetindo aquilo que meu pai fizera comigo, ou seja, levando o filho para conhecer a sua rotina de trabalho, conversar com as pessoas, entender a dinâmica do negócio.

Em outra ocasião, na reunião familiar, que realizamos todas as segundas-feiras à noite, quando tratamos dos assuntos da família e compartilhamos uma mensagem das escrituras, Vania tentava sensibilizar nossas filhas ainda pequenas Thais e Priscila, na época com 12 e 10 anos, a deixarem seu quarto arrumado. Falava de como era importante serem independentes, organizadas, terem uma responsabilidade. Daí a Vania complementou dizendo:

- Afinal, é importante aprender a trabalhar desde cedo. O pai de vocês, com sua idade, pegava um carrinho de mão e saía vendendo verduras e batatas de porta em porta no bairro, lá no Paraná. Foi assim que ele aprendeu a importância do trabalho, e acima de tudo como ter iniciativa própria.

Thais que prestava muita atenção nas palavras da mãe, concordou e saiu com esta:

- Tudo bem, mãe, pode comprar o saco de batatas que nós vamos sair vendendo de porta em porta.

E assim Thais e Priscila cresceram limpando seus quartos, a cozinha, cuidando de crianças, lendo livros, cumprindo tarefas específicas associadas a uma pequena remuneração. O valor em si não era significativo. Mais importante era que em sua mente estavam desenvolvendo o principio da autossuficiência, da meritocracia, a consciência de pagar o preço em busca de um objetivo pessoal.

Thais e Priscila, agora casadas e com filhos pequenos, procuram saciar seu espirito empreendedor. Recentemente, passaram a comandar a nossa empresa de óleos essenciais e cosméticos naturais com a marca Aloha, cujos produtos têm a missão de gerar bem estar e saúde para seus consumidores. Um conceito inovador no mercado brasileiro, porém maduro e desenvolvido no exterior. Embora quando meninas nenhuma delas precisou vender frutas e verduras de porta em porta, hoje esse é o modelo de negócios que elas adotaram para expansão de seu negócio.

Ainda tenho filhos adolescentes em casa e mantenho o objetivo de ajudá-los a desenvolver seu grau de iniciativa, responsabilidade e independência desde cedo. Certa ocasião, numa dessas noites familiares, expliquei ao Nicholas:

- Meu filho, você está com 13 anos. É hora de você começar a trabalhar, uma vez que seu pai, nessa idade, já pegava duro na batente!

Combinamos que todos os dias, no período da tarde, ele me acompanharia ao escritório e cumpriria uma jornada de trabalho de meio período. No dia marcado para ele dar início a sua "carreira profissional" cheguei na empresa e chamei minha secretária :

- Luciana, a partir de hoje você tem um novo assistente. Ele se chama Nicholas Martins.

- Mas, o que vou dar pra ele fazer, Sr. Carlos? Perguntou ela preocupada.

- Não pergunte a mim, a partir de hoje ele é seu funcionário, não meu!

- Mas, se eu não tiver nada para ele fazer?

- Está vendo aquela estante? Peça pra ele tirar todos os livros das prateleiras e limpar bem cada livro e a estante toda. Depois peça pra ele colocar os livros de volta no lugar. Outro dia, você pega um envelope, coloca uma folha de sulfite em branco dentro e escreve: 'Documento importante: entregar ao senhor Baroni'. Peça para ele atravessar a empresa, ir ao departamento financeiro e entregar nas mãos do Baroni. Importante, não esqueça de avisar o Baroni que você está treinando o filho do dono da empresa. Deixe-o descobrir por ele mesmo onde fica o departamento financeiro.

Assim, diariamente, Luciana criava uma "agenda" de tarefas para o Nicholas cumprir. Depois de uma semana de trabalho, voltando para casa, perguntei ao garoto:

- Meu filho, você está gostando do trabalho?

- Sim pai, estou gostando muito!

- E o que você mais gosta do serviço?

- O que eu mais gosto, pai, é que às três horas a Luciana me chama para tomar um lanchinho.

Tive de me conter para não rir em frente ao garoto. Continuei:

- Você tem alguma dúvida sobre o seu trabalho?

- Sim, eu tenho duas.

- E quais são? Posso saber?

- A primeira é: Qual vai ser meu salário?

Ali mesmo negociamos seu salário e ele ficou satisfeito com minha proposta.

- E qual é a segunda pergunta, meu filho?

- Que dia sai o pagamento?

Novamente me contive para não rir. Porém, essas duas perguntas do Nicholas me alegraram muito, como pai e educador. Pois a postura do garoto de 13 anos é muito semelhante à de um adulto que gosta de se confraternizar com os colegas na hora do cafezinho e está preocupado com sua remuneração e o dia do pagamento.

Quando abrimos a rede Taco Bell no Brasil, Nicholas agora com 18 anos e Felipe com 16, convidei ambos para trabalhar na cozinha da loja preparando tacos, burritos, tortilhas e muitas outras comidas gostosas. Sem qualquer imposição, ambos aceitaram. Então, para testar sua intenção de trabalhar no Taco Bell eu perguntei:

- Vocês realmente querem trabalhar no Taco Bell?

- Nicholas tomou a frente e respondeu afirmativamente.

Então, resolvi testar sua motivação e perguntei:

- Você poderia me dar três razões por que trabalhar na loja?

Ele sem hesitar disse:

- Vou ganhar meu próprio dinheiro.

- Trabalhar é melhor que estudar.

- Vou ganhar mais responsabilidade.

A resposta de Nicholas me convenceu de que eu estava certo em deixar os garotos trabalhar. Não é uma questão financeira, é muito mais do que isso. Com a visão de criar filhos empreendedores, eu e Vânia nunca demos uma mesada fixa às crianças, pois, em nosso modo de ver, a mesada sem estar vinculada à execução de uma tarefa deixa o filho acomodado, dependente e sem iniciativa. É uma prática que desestimula o princípio da autoadministração, essencial aos empreendedores. Além do mais, cria uma expectativa irreal por parte do filho. Pois, se por algum motivo os pais ficarem impossibilitados de dar a mesada, o filho pode se revoltar, achando que os pais 'devem' alguma coisa a eles, e assim o pai em vez de ter um 'aliado' dentro de casa, passa a ter um questionador inconformado e rebelde. Manter esse equilíbrio entre estímulo, apoio e amor aos filhos, é um dos maiores desafios que todos os pais têm para desenvolver a estabilidade emocional da criança.

Certa vez, quando nossos filhos gêmeos eram ainda adolescentes, Vânia recebeu uma chamado para ir ao colégio participar da reunião de pais e mestres. Não era um convite normal, pois a orientadora informou que, após a sessão em conjunto com todos os pais, ela gostaria de conversar com minha esposa em particular. Vânia ficou apreensiva. Que assunto a professora queria tratar? As duas foram para uma sala reservada.

- Vânia, lamento informar que seu filho Charles é o pior aluno da classe. Não consegue prestar atenção às aulas e perde muito tempo em conversas paralelas. Além disso, não faz as tarefas de casa e não estuda para as provas. Seu desempenho é sofrível, ele é distraído, parece viver no mundo da lua. Não sei o fazer para resolver esta situação.

Evidente que Vânia estava completamente despreparada para ouvir todo aquele rosário de críticas, reprovações e censuras. Qual mãe teria provisão emocional diante de tal situação? Ela começou a chorar ali mesmo e assim continuou por todo o caminho até chegar em casa. Em sua mente, havia um só pensamento: "E agora? O que fazer para reverter essa situação? E, acima de tudo, recuperar a autoconfiança e a autoestima de meu filho mais velho?

Naquele instante, algo em seu íntimo dizia que ela não podia chegar em casa e descarregar sobre a criança, à época com 14 anos, todas essas críticas que a professora acabara de fazer. Assim que Vânia entrou, ela percebeu que o garoto estava mais nervoso e apreensivo do que ela. Durante alguns instantes, ninguém falou nada. Era um silêncio total. Charles rompeu aquela incômoda situação:

- Mãe, você falou com a professora?

- Falei, meu filho.

- E o que ela disse?

- Quer saber mesmo? Num ímpeto, que a Vânia chama de inspiração, divina ela começou assim:

- Sabe, Charles, sua professora disse que você é um dos alunos mais inteligentes da classe. Acrescentou que você é muito capaz e que tem grande respeito por você.

– É mesmo, mãe? Ela disse tudo isso? Será que ela não me confundiu com algum outro aluno?

– Tenho certeza que ela não se confundiu, não. Mas ela comentou também que você tem alguns probleminhas que muitas vezes te atrapalham...

– Que probleminhas, mãe?

– Contou que você gosta de conversar com os amigos enquanto ela explica a matéria. Disse que às vezes você não leva a tarefa de casa feita, e que ela anda muito desconfiada de que você não está estudando tanto quanto deveria para as provas. Por isso, o seu resultado no boletim está muito baixo. Mas ela disse que você pode se tornar o melhor aluno da classe. Basta você ficar atento, se concentrar mais nas aulas, se preparar melhor para as provas e sempre trazer a lição de casa em dia.

– Tudo isso, mãe? Mas pode ser resolvido, não é mesmo?

– Meu filho, você promete que vai fazer tudo o que puder para se tornar o melhor aluno da sala?

– Prometo, prometo, mãe.

Ali mesmo na cozinha os dois se abraçaram. Vânia saiu esperançosa de que uma mudança ocorreria. Charles por sua vez saiu reconfortado com o relato da mãe e o incentivo que recebera. Dois meses depois daquele "temível" encontro, Vânia voltou ao colégio, desta vez para participar da festa junina. Em dado momento, quem ela encontra no meio da festa? A orientadora que correu para cumprimentá-la:

– Vânia, eu queria lhe dizer algo. Você está de parabéns. Não sei que tipo de castigo ou disciplina você deu a seu filho após nosso encontro, não sei o que você disse para ele, mas depois de nossa conversa o fato é que ele mudou completamente.

Claro que Vânia jamais revelaria a conversa que teve com o filho naquele momento de grande questionamento por parte da professora e fragilidade emocional do próprio Charles. Essa experiência nos ensinou que a melhor forma de incentivar o filho é reconhecer, parabenizar e reforçar suas virtudes e atitudes corretas. Essa postura simples tem grande impacto e efeito em sua conduta, principalmente no seu desenvolvimento cognitivo e emocional. O elogio de algo positivo é mais forte do que qualquer outro tipo de censura ou disciplina. Assim, aprendi que devemos tratar os filhos como gostaríamos que fossem, em vez de como são atualmente.

• • •

Em 2001, fui convidado pela Igreja Mórmon para ser presidente de uma missão no Nordeste pelo período de 3 anos. Acompanhado de minha esposa Vânia, das filhas adolescentes Thais e Priscila e dos filhos menores Nicholas e Felipe, seguimos para João Pessoa, Paraíba. Nosso trabalho voluntário consistia em orientar, supervisionar e cuidar de aproximadamente 500 jovens missionários, rapazes e moças na faixa etária entre 18 e 20 anos.

Diante deste chamado tão importante da igreja, o que fazer com a empresa? Mais uma vez eu tinha recebido um chamado divino. Eu ia largar tudo por causa dessa designação.

Quando anunciei aos meus executivos que ficaria fora por três anos, alguns deles começaram a travar uma verdadeira batalha pelo poder, promovendo boicotes, intrigas e fofocas para saber quem assumiria a empresa em minha ausência. Naquela ocasião, Charles e Lincoln tinham 21 anos e haviam acabado de completar seu tempo como missionários em Moçambique e no Texas, respectivamente. Eles se preparavam para casar e continuar seus estudos nos EUA. Diante de tal cenário, decidi contratar um profissional do mercado com visão comercial e gerencial para conduzir a empresa. Os problemas começaram a aparecer a partir do segundo ano de minha ausência. A equipe não estava coesa, com muitas intrigas e relatórios gerenciais questionáveis.

Em determinado momento das férias escolares dos gêmeos nos EUA, pedi que eles retornassem a Campinas para olhar a operação mais de perto. Charles e Lincoln faziam reuniões com esse grupo de executivos e me repassavam semanalmente tudo que estava acontecendo e sendo discutido. De longe, eu transmitia as orientações. Mas o pessoal continuava em pé de guerra. Um diretor acusava o outro de não estar fazendo o seu trabalho, de boicotar a área do colega, de tentar puxar o tapete de alguém, de articular nos bastidores.

Fiquei preocupado com a situação e com receio de ver a empresa em maus lençóis, mas acreditava nos desígnios de Deus. Se eu tinha recebido uma missão, deveria cumpri-la sem maiores receios; precisava confiar que um caminho já havia sido preparado. Tudo ficaria bem. E ficou. Diante de tantas incertezas na direção da empresa, tomei uma decisão ousada: convidei Charles e Lincoln na época com 22 anos para assumirem o comando dos negócios. Muita gente ficou descontente. Alguns acharam que eu estava louco e que poria tudo a perder ao deixar dois jovens inexperientes no mundo corporativo assumir tanta responsabilidade.

Para meu consolo e alegria, Charles e Lincoln souberam nadar com maestria naquelas águas turbulentas, enfrentando às vezes águas-vivas, outras vezes tubarões. Eles precisavam primeiro colocar a casa em ordem. Fortalecer a equipe, fiel aos compromissos da empresa, e dispensar quem remava contra o sistema. Assumiram a chave do cofre tomando decisões, acompanhando o orçamento, definindo campanhas de *marketing*, recomendando novos investimentos. Os dois demonstraram talento e alto grau de responsabilidade e competência na condução dos negócios da família.

Ao encerrar a missão em João Pessoa, voltei ao comando da empresa. Charles e sua esposa Mila e Lincoln com a esposa Bianca e filhos pequenos retornaram aos EUA para completar seus estudos. Muitos me perguntam se recomendo aos empreendedores se afastarem por tanto tempo do comando dos negócios. Respondo sempre que não, embora existam exceções. No meu caso, devido à forte convicção religiosa, o chamado da igreja estava acima dos negócios. Minha fé me dava a convicção de que a empresa sobreviveria. Foi o que aconteceu. Considero aquele serviço voluntário no Nordeste uma das experiências mais significativas e sagradas que já vivenciei.

● ● ●

Um dos maiores erros que um empreendedor bem-sucedido pode cometer em sua carreira é acreditar que nada mais o afetará ou colocará seus negócios em risco. Ele pode pensar que atingiu um patamar de segurança, uma espécie de Olimpo que o deixa numa situação privilegiada, acima do bem e do mal. Quando ouço esse tipo de comentário, costumo lembrar dos jogadores de futebol que são craques e que, depois de uma certa fase da carreira em que conquistaram títulos importantes e com a conta bancária já recheada, acham que podem correr menos, se dedicar menos, transpirar menos. Você já deve ter ouvido comentaristas esportivos dizerem que um determinado jogador está jogando apenas com o nome. Significa que o atleta acha que basta entrar em campo com o seu prestígio que, assim infalivelmente o resultado do jogo lhe será favorável. É nesse exato momento que seu time leva uma goleada.

Ter talento para uma determinada atividade é apenas uma das condições para ser bem-sucedido. Gosto de citar o exemplo do jogador Oscar Schmidt, que defendeu brilhantemente a nossa seleção de basquete. Devido à precisão de seus arremessos, ganhou o apelido de Mão Santa. Ele, no entanto, dizia que de santa a sua mão não tinha nada. Sua mão era treinada. Após o encerramento dos treinos, enquanto seus companheiros se encaminhavam para o vestiário, ele continuava praticando arremessos dos mais variados cantos da quadra. Criou esse hábito quando ainda era jovem e inexperiente. Percebeu que quanto mais treinava, mais precisas eram suas jogadas. Chegou à tamanha perfeição e fez tantos pontos ao longo de sua carreira que em 2013 entrou para o Hall da Fama do basquete numa cerimônia realizada nos Estados Unidos. Estavam presentes grandes nomes da NBA, a liga norte-americana de basquete. Mas o fato é que Oscar nunca baixou a guarda ou acreditou que podia relaxar. Enquanto esteve em atividade, continuou treinando incansavelmente. Por essa razão manteve o alto índice de aproveitamento até o final da carreira de atleta. Se tivesse acreditado que não precisava mais se dedicar tanto, seguramente seu rendimento cairia. A bola passaria a não entrar na cesta e seu prestígio não seria mais o mesmo.

No mundo dos negócios é a mesma coisa. O empreendedor que se acomoda dá o primeiro passo para a sua derrocada. Essa acomodação pode ser percebida de várias maneiras. A pessoa deixa de acompanhar de perto os resultados de sua empresa, não estuda os passos da concorrência, não busca mais a inovação, deixa de aprimorar produtos e serviços, não se preocupa como antes em atender às necessidades dos seus clientes, não reforça os laços que mantinha até então com seus fornecedores, não procura valorizar seu time de profissionais. Ele acredita que não se mexe em time que está ganhando. Poucos ditados populares são tão infelizes quanto esse. Nos dias atuais, as inovações acontecem a todo instante. Negócios que antes se mostravam bem-sucedidos podem se transformar em pó de uma hora para outra. Há inúmeros exemplos no universo corporativo. O que aconteceu, por exemplo, com empresas que fabricavam máquinas de escrever? Ou disquetes para computadores? (talvez o leitor mais jovem nem saiba o que essa palavra significa exatamente) Ou ainda videocassete? E que tal máquinas de fax?

O empreendedor deve ter a capacidade de se reinventar constantemente. Precisa estar permanentemente motivado. Tem de querer sempre mais, jamais se contentar

> **Meu filho, você quer um dinheirinho, vou lhe dar um trabalhinho. Você quer um dinheirão, vou lhe dar um trabalhão.**

com aquilo que conquistou. Nunca baixar a guarda. Acreditar que o melhor está sempre por vir. Ter, acima de tudo, um senso crítico para não se deixar enganar pelas aparências do sucesso.

Agora, vou relatar uma experiência que mudou significativamente minha percepção e perspectiva a respeito de não se acomodar, não importa o patamar de sucesso atingido.

Certa vez, fui visitar Johnny Saad, presidente da rede Bandeirantes de televisão. Era o mês de janeiro, e então ele perguntou como tinha sido o ano anterior. Eu muito feliz respondi que tinha sido ótimo. Com muita satisfação e uma ponta de orgulho, eu respondi que havíamos terminado o ano com um faturamento de 50 milhões de reais. Observei que ele não se impressionou com minha resposta. Tomando seu chá, olhou para a janela que dá vista para o Morumbi e me fez uma pergunta arrasadora:

– Carlos, o quê você precisa fazer para acrescentar mais um zero em seu faturamento?

Ele me pegou de surpresa, me senti totalmente confuso. Eu havia entrado na sala do Johnny me sentindo o empresário mais vitorioso do Brasil e saí me sentindo o menor dos empreendedores. Porém, aquela pergunta nunca mais saiu da minha cabeça. Eu ia dormir pensando em como acrescentar mais um zero ao faturamento da empresa, acordava pensando nisso, cochilava remoendo a questão e sonhava com isso. As reuniões, avaliações e projeções passaram a ter esse objetivo. Os anos se passaram e voltei à Band para visitar o amigo Johnny e agora o faturamento da empresa já havia ultrapassado a barreira de um bilhão de reais. Ao me ver, ele foi logo dizendo:

– Estou muito feliz, porque você seguiu meu conselho, não somente acrescentou um zero ao faturamento, mas dobrou a meta e superou a casa de um bilhão. Muitas vezes fico pensando o que teria acontecido se o amigo Saad nunca tivesse me estimulado a pensar maior.

Quando começamos do zero não é fácil visualizar conquistas maiores do que imaginamos no início do projeto. Por isso a preocupação de estarmos sempre atentos às oportunidades ao nosso redor. Um segundo exemplo desse momento decisivo aconteceu comigo quando a escola já havia completado mais de 20 anos de atividade. Já somávamos mais de mil escolas franqueadas no país, éramos líderes absolutos no mercado de ensino de idiomas. Eu me sentia feliz, mas não tinha ainda noção plena do que tinha conseguido construir e o que ainda estava pela frente.

Nessa época, recebi a visita do executivo e amigo Francisco Valim, que já havia comandado grandes empresas, entre elas Serasa e Telefônica. Caminhamos pelos corredores da sede em Campinas, falei da nossa atuação na área da educação e apresentei alguns números. Tivemos o seguinte diálogo:

## Ou você lidera ou você é liderado.

– Carlos, seu negócio tem um valor maior do que você consegue imaginar – disse ele enfaticamente.

– O que você quer dizer exatamente? – perguntei.

– Seu negócio tem potencial para abertura de capital em Bolsa de Valores, aquisição de empresas, e consequentemente atrair investidores. Você pode fazer um negócio muito maior do que simplesmente dar aulas de inglês e vender material didático.

Embora não estivesse convencido, ou melhor, não entendesse bem o que o Valim me dissera, aquela foi a primeira vez que passei a enxergar meu negócio com outros olhos. Havia ali um valor agregado maior do que simplesmente ensinar inglês, buscar os livros na gráfica e distribuí-los para a rede. Essa nova perspectiva somente se cristalizou após meus filhos gêmeos terem se formado nos EUA e retornado ao Brasil.

Eles me falavam com frequência que a melhor estratégia para continuarmos crescendo seria comprar outras empresas que atuavam no setor da educação. Para mim aquilo tudo era algo novo. Fiquei em dúvida. Será que aquela era mesmo a melhor opção?

Em nossas reuniões eles voltavam constantemente à mesma tecla:

– Pai, o Valim tem razão. Esse negócio é maior que você imagina. Precisamos começar a comprar a concorrência.

– Por que se preocupar com a concorrência? Somos líderes de mercado.

– O mundo corporativo está mudando. Hoje em dia, as palavras de ordem são fusões e aquisições.

– Fusões, meus filhos? Isso tem cheiro de confusões - eu brincava.

– Pai, nós podemos formar um grupo econômico forte no setor de educação.

– Que nada, meus filhos. Basta seguirmos nosso ritmo de crescimento e nosso futuro está garantido.

Após vários meses de diálogo e tentativas de me sensibilizar, finalmente eles vieram com um argumento imbatível.

– Pai, saiba de uma coisa. A tendência mundial é de consolidação de mercado. Se nós não tomarmos essa iniciativa e começarmos a adquirir escolas concorrentes, logo chegarão grupos estrangeiros poderosos no Brasil. Com capacidade financeira, tecnológica e inovação, irão dominar esse mercado. Quando isso acontecer, perderemos nossa posição de liderança e ficaremos reféns dessa situação.

Finalmente, cedi à pressão e dei sinal verde para ambos, mas recomendei que tivessem cautela. Nada de pisar fundo no acelerador sem antes conhecer a pista na qual iríamos correr. Tínhamos que reconhecer o terreno, avançar com cautela e dar o tiro certo para não perdermos dinheiro e não nos arrependermos depois. Na ocasião, liberei um cheque de um milhão de reais para efetuar a primeira aquisição. Após algumas semanas de prospecção, ambos me procuraram muito satisfeitos. Haviam encontrado

O que você precisa fazer para acrescentar um zero em seus rendimentos?

a escola Yeski, uma pequena rede de escolas de idiomas do interior do estado de São Paulo. Ela estava à venda e, mais importante, estava dentro do orçamento proposto. Após fazer a transição dessa rede, saíram como dois caçadores em busca de um novo alvo. Encontraram outra escola de inglês à venda. Dessa vez o cheque aumentou para dois milhões. A cada nova aquisição o valor da transação aumentava. Empolgados com os resultados e já com o selo de minha aprovação, eles ganharam coragem e foram aumentando o tamanho das negociações. Nos anos seguintes adquiriram 10 empresas, num investimento total de cerca de 400 milhões de reais. Era um ritmo alucinante de mudanças. Em nosso portfólio contávamos com as principais marcas de ensino de idiomas e cursos profissionalizantes do país.

Eu costumo afirmar com alguma frequência que sonhei e construí a Wizard. Meus filhos Charles e Lincoln sonharam e construíram o Grupo Multi.

# SOCORRO! QUEREM COMPRAR A MINHA EMPRESA!

Em 2013, o Grupo Multi vivia uma situação excepcional. Tínhamos em nosso portfólio 10 marcas fortes e reconhecidas no setor do ensino. Contávamos com um total de 3 mil escolas, um milhão de alunos e 50 mil funcionários. O meu objetivo, juntamente com Charles e Lincoln, era manter a estratégia de expansão dos negócios e preparar a empresa para abertura de capital. Formamos um conselho administrativo, contratamos um CEO de mercado, auditamos toda a empresa nos aspectos contábeis, fiscais, tributários e jurídicos. Enfim, a noiva estava pronta para subir ao altar. Porém, logo descobrimos que fazer um IPO (Initial Public Offer) não dependia somente de nossa vontade ou organização, mas, acima de tudo, do momento certo, de condições favoráveis do mercado. Enquanto aguardávamos essa janela de oportunidade se abrir, fomos procurados pelo grupo inglês Pearson, que manifestou interesse em adquirir a empresa. Nas reuniões que se seguiram, seus representantes disseram que essa transação se encaixava perfeitamente no perfil que eles estavam buscando. Pela primeira vez, nós estávamos do outro lado da mesa de negociações. Até aquele ano de 2013, éramos nós quem buscávamos empresas para comprar. Agora, no entanto, havia uma gigante mundial do setor de educação querendo adquirir a nossa empresa. Ofereceram um cheque próximo a R$ 2 bilhões de reais.

Nessas horas é praticamente impossível não pensar em tudo aquilo que você passou ao longo da vida para chegar até ali. A infância difícil no Paraná, as viagens com meu pai num caminhão para vender produtos pelo interior do estado, o dinheiro escasso, o desafio de ir para os Estados Unidos sem grana no bolso, o casamento e a chegada dos filhos, o controle espartano do orçamento doméstico para não faltar o essencial em nosso lar, as aulas dadas na sala de casa, o crescimento da empresa. Tudo isso passava pela minha mente num turbilhão de sentimentos. Como eu poderia abrir mão de tudo aquilo que construí como empreendedor?

Mas foi justamente por ser empreendedor que consegui na hora decisiva me distanciar do lado emocional e ser extremamente racional. A proposta era excepcional. Mais do que isso: era irrecusável. Naquele momento eu sabia que se os britânicos entrassem no Brasil por outro caminho que não fosse a compra da minha empresa, eu me veria diante de uma concorrente tão poderosa que seguramente me imporia uma série de dificuldades. Poderia permanecer irredutível e recusar a proposta bilionária, numa tentativa tola de tentar parecer David enfrentando Golias. Mas no mundo dos negócios o gigante quase sempre vence o pequeno por uma razão simples: ele tem mais dinheiro, mais recursos, mais capacidade tecnológica e de gestão.

Comecei a entender que era um privilégio ser o principal alvo dos compradores. Eles estavam reconhecendo o sucesso das nossas empresas e valorizando as nossas marcas. Eu não podia considerar a oferta de compra da empresa como se fosse uma afronta. Eram apenas negócios, não era nada pessoal. Mais uma vez conversei muito com Charles e Lincoln. O que deveríamos fazer? Sim, optamos pela venda da empresa. Foi a maior transação do setor de educação realizada no Brasil por um grupo estrangeiro.

Empresa vendida, um novo capítulo se iniciou. Resolvi tirar um ano sabático sem ter a menor ideia de qual seria o meu próximo passo. Isso, aliás, tem sido algo bastante comum ao longo da minha vida. As coisas vão acontecendo conforme vou seguindo o meu caminho e minha intuição. Gosto naturalmente de planejar, mas não sou obcecado por programar cada passo, cada movimento, cada gesto. Acredito muito na inspiração do momento. Tentar planejar 100% da vida é algo impossível. Sempre existirão os imprevistos que o farão rever sua posição e mudar de rota. Ao mesmo tempo, entregar totalmente o seu destino ao acaso é um suicídio empresarial. Eu planejo e ao mesmo tempo deixo o caminho aberto para o inesperado.

Enquanto eu descansava, após 27 anos de trabalho árduo, Charles e Lincoln permaneceram no Brasil para avaliar possíveis oportunidades de mercado. Estava certo de que voltaríamos a empreender, mas não havíamos definido nada em relação ao tipo de empresa que poderíamos comprar ou algum setor específico.

Graças ao apetite e visão empresarial de meus filhos, o descanso não durou muito tempo. Oito meses depois, eles me informaram que tinham identificado uma excelente oportunidade de negócio. A rede de lojas Mundo Verde, a maior franquia de produtos naturais do país, com cerca de 250 lojas, estava à venda.

O negócio Mundo Verde se mostrava, na época, uma excelente aposta. Em primeiro lugar, era uma franquia de reconhecido sucesso. Em segundo lugar, muitas cidades do interior não conheciam sua marca e apresentavam ótimo potencial para

**Há momentos em que a razão precisa vencer a emoção.**

receber novas unidades. Em terceiro lugar, praticamente não havia concorrência. Ter clareza sobre quem são seus concorrentes e o poder de fogo de cada um deles é fundamental. Em quarto lugar, a Mundo Verde tinha uma ótima imagem junto ao público. Além disso, o segmento estava inserido em uma tendência nacional e internacional. As pessoas estão cada vez mais cientes da necessidade de uma reeducação alimentar visando um estilo de vida mais equilibrado e saudável.

Analisamos os números, estudamos o histórico da empresa, projetamos o crescimento potencial. Não havia dúvidas de que o Mundo Verde se encaixava exatamente dentro das premissas que havíamos estabelecido. Optamos por fazer essa aquisição.

Assumimos a empresa e fortalecemos a comercialização de produtos com a marca própria Mundo Verde. Mudamos também o *slogan* da marca. O antigo era Mundo Verde: a sua loja de bem-estar. Era muito longo, sem força e de difícil memorização pelo público. Optamos por Mundo Verde: você mais saudável. Ou seja, um *slogan* com foco no cliente e não na loja. Também alteramos a disposição das gôndolas, que ficavam todas alinhadas e lembravam um labirinto. Adotamos o modelo de espinha de peixe, que facilita a circulação das pessoas e a visualização dos produtos. A simples mudança das gôndolas proporcionou um aumento de 20% nas vendas das lojas. Um crescimento significativo no resultado do negócio com um investimento mínimo na adequação das lojas.

Logo que assumimos a rede, pensei em reunir todos os franqueados numa convenção nacional. Afinal, esse era um momento importante para aproximação, interação e integração com nossos parceiros de negócios. Porém, eu tinha receio que uma convenção tivesse sido recentemente realizada. Então perguntei aos antigos gestores: "Quando foi realizada a última convenção nacional de franqueados? Fiquei extremamente surpreso com a resposta.

- O quê? Há mais de 10 anos vocês não fazem uma convenção nacional? Qual é a explicação para isso? – questionei.

A resposta me surpreendeu ainda mais.

- A convenção dá muito trabalho. A distâncias são muito longas. Envolve muita gente. Sai muito caro. Despende muito tempo dos franqueados.

Na minha experiência no mundo do *franchising*, a convenção nacional de franqueados é um dos momentos mais importantes do ano, pois ali, num clima de cooperação mútua, analisamos os resultados, lançamos produtos e conceitos, anunciamos campanhas de *marketing*, projetamos o futuro, reconhecemos as melhores práticas de negócio, homenageamos os franqueados com melhor desempenho. Enfim, é uma grande confraternização onde todos saem fortalecidos e motivados para alcançar resultados ainda maiores. Desde que assumimos a rede passamos a fazer convenções anuais. E o mais interessante é que os franqueados adoram participar.

# UMA BOLA E UM SONHO

Em 2014, fui convidado para me associar ao ex-jogador Ronaldo, o Fenômeno, e mais outros investidores, para comprar um time de futebol, o Strikers, em Fort Lauderdale, na Flórida. Conversei com Charles e Lincoln sobre essa proposta. Atualmente não tomo nenhuma decisão empresarial sem antes apresentar, debater e discutir o assunto e finalmente obter o consenso de meus filhos gêmeos. Eles pediram um tempo para analisar a proposta. Após algumas semanas retornaram com uma posição bem definida.

- Pai, não vamos fazer parte do time americano. Pensamos em fazer algo melhor. Algo que dominamos, algo que temos experiência.

- O que vocês estão pensando, meus filhos?

- Vamos falar com Ronaldo e propor para ele a abertura de uma franquia de escolas de futebol para jovens e crianças.

Mais tarde, descobrimos que esse sempre foi o sonho de Ronaldo Nazário de Lima. Deixar um legado no mundo esportivo para as próximas gerações. Ele afirma que o futebol lhe deu tudo o que ele tem e tudo que um dia sonhou. Quando lhe apresentamos o plano em Orlando, Flórida, ele ficou muito emocionado e respondeu assim:

- Eu sou o fenômeno do futebol. Você é o fenômeno das franquias. Agora vamos abrir um negócio fenomenal, a Ronaldo Academy.

Atualmente, após aquele primeiro encontro com Ronaldo, a academia de futebol que leva o seu nome está presente em quase 100 localidades no Brasil, EUA, China e outros países da América Latina. O futebol é o esporte mais popular do planeta e o Ronaldo é uma marca mundial. Tive a oportunidade de participar com Ronaldo da inauguração de várias escolas de futebol na China. Fiquei impressionado ao ver a popularidade do fenômeno naquele país asiático.

● ● ●

Costumo dizer que todo empreendedor é um sonhador e tão logo realiza um sonho descobre que tem sonhos ainda maiores para serem realizados. Após o sucesso da Ronaldo Academy, meus filhos empreendedores sugeriram a criação da empresa ProSports Holding, destinada a promover o ensino do futebol através do sistema de franquia para outros times com grande concentração de torcedores. Desde criança, Lincoln foi torcedor do São Paulo. Charles, por sua vez, sempre torceu para o Palmeiras. Ele tomou a dianteira e disse:

- Vou me reunir com o presidente do Palmeiras, meu amigo Paulo Nobre, e fazer essa proposta para ele.

O Charles foi muito bem recebido pela direção do clube e ficou feliz ao saber que o Palmeiras possuía um cadastro com mais de 200 pessoas interessadas em abrir uma escola de futebol com sua marca. Porém, a direção do time não tinha um programa definido para atender essa demanda.

Definimos os parâmetros do projeto, traçamos as metas, negociamos as participações, e estabelecemos as responsabilidades das partes. Em outubro de 2016, organizamos uma coletiva de imprensa para anunciar ao público o lançamento da Palmeiras Academia de Futebol. Desde então estamos negociando com outros times do Brasil e exterior para assumir sua área de desenvolvimento de escolas de futebol através do modelo de franquias.

Para fazer a gestão dessas diversas empresas, fundamos o Grupo Sforza, nossa nova *holding* que leva o nome de meus bisavós maternos que chegaram ao Brasil em busca de oportunidade e estabilidade financeira. Tenho grande respeito e admiração por eles e por sua coragem de pagar o preço do sucesso partindo para o desconhecido em busca da realização pessoal. À frente do Grupo Sforza demonstro a mesma energia daquele garoto que vendia frutas de porta em porta no Paraná. Com a visão empreendedora de meus filhos gêmeos, tenho certeza de que muitos negócios ainda surgirão pela frente.

# UMA TACADA DE MESTRE

Recentemente trouxemos a rede Taco Bell para o Brasil e já contamos com várias lojas abertas nos principais *shoppings* do país. O meu segredo é ter o foco 100% voltado para as oportunidades do mercado e não para a crise que trava o crescimento do país. Prevemos a abertura de 100 lojas Taco Bell até 2020, com a geração de 5 mil empregos. A empresa Aloha, especializada em óleos essenciais e cosméticos naturais, comandada por minhas filhas Thais e Priscila, prevê a formação de uma rede com 10 mil distribuidoras nos próximos três anos.

Percebo que as pessoas perdem muito tempo em momentos de crise, tentando controlar fatores que não estão ao seu alcance. Eu não consigo controlar o que passa na cabeça do Presidente da República, do Congresso Nacional ou do Senado brasileiro. Mas eu posso influir diretamente na condução dos meus negócios. Posso melhorar o atendimento ao cliente, oferecer treinamento aos meus colaboradores, negociar condições mais favoráveis com meus fornecedores, controlar melhor minha planilha de custos, usar de forma mais inteligente minha verba publicitária e, finalmente, focar em vender, vender, vender cada vez mais.

O segredo, portanto, é manter o controle naquilo sobre o que posso tomar decisões e agir. Tenho controle sobre a qualidade de atendimento que as unidades oferecem ao público? Claro que sim! Posso oferecer mais treinamentos para qualificar minha equipe para enfrentar a crise? Certamente! Tenho como contratar pessoas qualificadas para me ajudar a vencer os desafios? É óbvio! Posso adequar o visual das lojas da rede para criar um ambiente mais acolhedor? Sem dúvida! Portanto, esse é o meu campo de ação. É nesse universo que poderei influir positivamente e tomar as decisões acertadas para que os negócios continuem crescendo.

Depois que realizamos um sonho, descobrimos que há sonhos ainda maiores para serem realizados.

# 4
## PRINCÍPIOS QUE VALEM OURO

A maior parte das pessoas gostaria de falar inglês fluente sem precisar abrir um livro, um dicionário ou frequentar uma aula. Alguns gostariam de tocar um instrumento musical, sem precisar ler uma partitura. Muitos jovens gostariam de ser atletas profissionais, sem precisar treinar, praticar e se qualificar. Outros gostariam de ter o peso ideal, sem precisar fazer qualquer exercício ou controlar a alimentação. E, acima de tudo, a maior parte gostaria de ficar rico, milionário, sem precisar mexer uma palha. Todas são condições impossíveis, a não ser em contos de fadas, ou em filmes de Hollywood cheios de aventuras e fantasia. Por isso, a diferença entre quem vence e quem fracassa está na capacidade de cada um fazer suas escolhas estratégicas e ser fiel aos seus princípios elevados.

Ayrton Senna não se tornou um dos maiores pilotos da história da Fórmula 1 apenas porque foi mais veloz do que os adversários. Pelé não foi o maior jogador de futebol que já surgiu no planeta somente por ter alcançado a impressionante marca de 1281 gols na carreira. O nadador norte-americano Michael Phelps não conquistou 22 medalhas olímpicas, sendo 18 de ouro, pelo simples fato de lembrar mais um peixe do que um ser humano quando cai na água. Esse é o lado visível do sucesso, que costuma chamar a atenção dos jornais, revistas, emissoras de televisão e mídias sociais em geral e alçar pessoas ao estrelato. O que poucos percebem é o que está por trás dessas trajetórias vitoriosas, distante das câmeras de televisão. Não basta apenas ter talento como os três excepcionais esportistas que acabo de citar. A prova disso é que muitas pessoas que demonstram talento acima da média não vingam. É preciso algo mais: um perfeito equilíbrio entre dois aspectos fundamentais: a razão e a emoção.

Costumo dizer que o sucesso é resultado de muito preparo, empenho, dedicação, disciplina e confiança em si mesmo. Os atletas testam diariamente os seus limites nas quadras, piscinas, campos de futebol e pistas de atletismo. Convivem com dores intensas provocadas pelo esforço físico e travam uma batalha interior para dominar a mente e se manter focados em seus objetivos. Renunciam ao convívio familiar, não saem com os amigos para curtir a noite e fazem sacrifícios dignos de monges tibetanos. Poucos estão dispostos a pagar um preço tão alto para chegar ao topo do pódio. Por essas razões acredito que, além do talento natural de cada indivíduo, o sucesso é resultado de um conjunto de fatores racionais e emocionais que são vivenciados no dia a dia, como a rotina de treinos, a busca pela superação, a convicção e o equilíbrio emocional para não desistir a cada nova dificuldade, a cada músculo distendido, a cada nova dor que surge e incomoda.

O empreendedor vive batalhas parecidas. Ele não é um atleta, obviamente, mas está constantemente testando seus limites. Convive o tempo todo com as suas convicções e indecisões. Fatores racionais e emocionais fazem da sua mente um turbilhão. Desde que decidi empreender pela primeira vez, ainda garoto no Paraná, passei a conviver com os dois lados dessa moeda. Planejava cada detalhe dos meus empreendimentos, controlava os custos com pulso de ferro, gerenciava as pessoas, pensava em novas formas de atrair clientes e buscava aumentar o faturamento para sobreviver no mercado, obter maior tranquilidade e conquistar a liderança do setor. Era meu lado racional falando mais alto. Ao mesmo tempo, convivia internamente com uma série de emoções, algumas delas conflitantes, que iam do medo à certeza de que eu realmente venceria; do receio de apostar numa oportunidade e colocar tudo a perder, na dúvida se eu estava ou não no caminho certo; da tristeza de não conseguir fechar um bom negócio, à convicção de que logo outra oportunidade surgiria à minha frente, embora não soubesse exatamente onde. Levava grandes sustos com as mudanças da economia brasileira, temia não conseguir colocar comida na mesa de casa para alimentar Vânia e meus filhos, desejava um futuro melhor, temia não ter equilíbrio para lidar com as adversidades. Passava noites em claro tentando colocar a mente em ordem.

Vejo diariamente empreendedores fracassarem e darem adeus definitivamente aos seus sonhos. Inúmeros micro e pequenos empreendimentos fecham as portas todos os dias no Brasil. Quando me perguntam porque alcancei tanto sucesso como empreendedor num país onde a realidade, na maioria das vezes, é exatamente a oposta, respondo com convicção: além do meu talento natural como empreendedor, eu soube buscar o equilíbrio quase que perfeito entre razão e emoção, usando ora um, ora outro, sempre que necessário. Quando decidi que me tornaria um empresário bem-sucedido mesmo sem ter praticamente um centavo no bolso, sabia que teria que pagar o preço. Eu me sacrifiquei muito. Muito mesmo. Abri mão do conforto e do prazer imediato para colher algo maior no futuro. Não frequentava restaurantes, não viajava a passeio, não comprava carro novo, não fazia loucuras em lojas de *shoppings*, gastava o estritamente necessário nos supermercados.

Fazer sacrifícios hoje para colher amanhã não é algo comum para a maior parte das pessoas. Essa é uma das razões porque a maioria não vence financeiramente. Quem faz dieta para emagrecer sabe bem o que quero dizer. Você está diante de uma feijoada que tem um aroma tentador e precisa resistir para poder exibir um corpo saudável dentro de alguns meses. Mas a feijoada é imediata. O prato está ali, bem à sua frente. É partir para o abate e sentir o quanto a vida é boa. Já o corpo esbelto está ainda distante da realidade. É apenas uma remota possibilidade. O que você decide? Será movido pela emoção ou pela razão?

O mesmo vale para a compra de um carro. Você visita uma concessionária e se encanta com um modelo zero quilômetro. O vendedor usa toda sua habilidade para convencê-lo do quanto aquele veículo é fantástico. Tem direção e vidros elétricos, os bancos são de couro, o câmbio é automático e o motor faz o bicho ir de zero a 100 quilômetros por hora em pouquíssimos segundos. Você não tem dinheiro no momento. Aquela visita à loja tinha como objetivo apenas matar sua curiosidade e talvez comprar um carro seminovo. Mas o vendedor explica que você pode financiá-lo. Basta dar uma pequena entrada e pagar a diferença em suaves 60 prestações. Ele não diz, por razões óbvias, que os juros são elevados e que no final desse período o valor que você desembolsará pelo carro será suficiente para pagar dois dele. Qual a sua decisão? Continuar usando o transporte público precário das grandes cidades, comprar um carro de segunda mão, entrar num financiamento e ter o carro nas mãos imediatamente ou poupar durante algum tempo para não pagar juros e até mesmo

> **Se você pretende vencer como empreendedor, você terá de abrir mão de certas conveniências e prazeres imediatos em nome de uma recompensa maior no futuro.**

> **Todos querem vencer financeiramente, poucos estão dispostos a pagar o preço do sucesso.**

conseguir um bom desconto na compra? A resposta parece óbvia, mas basta observar o grande número de pessoas que sofrem para pagar o financiamento do carro ou ficam inadimplentes, para saber que elas não estão tomando a decisão certa. Novamente a pergunta: emoção ou razão?

Certa vez eu tinha combinado uma pescaria com alguns amigos e familiares num sábado ensolarado. Tudo tinha sido planejado no dia anterior, como o horário da saída, os equipamentos necessários, as iscas, os lanches para o almoço, as bebidas, o protetor solar para ninguém virar um camarão. Quando estava saindo de casa rumo ao rio, o telefone tocou. Era o diretor de uma multinacional com quem eu vinha negociando um curso de inglês para os funcionários. Ele me pediu desculpas por ligar em pleno sábado, mas estava reunido naquele momento com algumas pessoas da área de recursos humanos para tratar dos programas de desenvolvimento da equipe para os próximos meses. O curso de inglês estava na lista de prioridades para o aprimoramento dos funcionários. O executivo me perguntou, um pouco sem jeito, se eu poderia ir até a empresa naquele momento para dar mais detalhes sobre o modelo do curso. Olhei no espelho de casa e me vi todo pronto para a pescaria. Bermuda para não passar calor, chapéu na cabeça, protetor solar no corpo, vara de pescar na mão. Algo me dizia que aquela pescaria seria a melhor de todas. Qual foi a minha decisão? O prazer imediato de ir pescar? Claro que não. Pedi desculpas aos meus amigos e familiares, vesti uma roupa apropriada e fui para a reunião. No final do encontro tinha fisgado um peixão, ou melhor, fechado um contrato importante. Se você pensa em empreender, entenda que terá de abrir mão de certas conveniências e prazeres imediatos em nome de um projeto maior para a sua vida. É o preço do sucesso. Razão e emoção.

# CRIE UMA BLINDAGEM CONTRA O PESSIMISMO

Certa vez, meu filho Felipe, na época com 10 anos, me pegou lendo o jornal e disse: "Pai, se encontrar alguma notícia boa no jornal me avise, tá?" Ao longo dos anos, foram raras as notícias boas que pude compartilhar com o Felipe. Tenho como hábito não assistir televisão para não me deixar contaminar pela onda de negativismo que impera nos jornais, nas novelas e até nos programas de entretenimento. O telespectador é bombardeado diariamente por notícias negativas que o abalam, o enfraquecem e tiram sua coragem de seguir em frente. Só vira notícia aquilo que é ruim. Boa notícia não é notícia, portanto, elas raramente são veiculadas. Certa vez ouvi dizer que não tem nada de novo nos telejornais. Sempre as mesmas tragédias estão acontecendo todos os dias; porém, em diferentes lugares com diferentes pessoas. Depois disso comprovei que sempre alguém foi assaltado, alguém morreu num acidente grave, prenderam mais um político corrupto, houve mais algum acidente natural em alguma parte do planeta, uma celebridade foi envolvida num escândalo etc.

Se uma pessoa está pensando em empreender e se deixa influenciar por essa onda de negatividade, irá fraquejar. Terá dúvidas sobre sua capacidade de tocar um negócio diante de um cenário tão adverso, tão incerto, tão arriscado. Em alguns casos poderá até desistir do seu sonho, imaginando que, se a situação está tão ruim assim, o melhor é recuar e evitar perder dinheiro. É claro que não sou radical em relação à televisão. Se desejo assistir a uma partida de futebol com meus filhos, me organizo para essa atividade. Mas não fico sentado diante da TV zapeando pelos canais por horas seguidas sendo bombardeado por todo tipo de péssima programação.

Ficar diante da TV horas seguidas é um desperdício de tempo, de talento, de vida. Pare e reflita um pouco: quanto tempo você passa vendo televisão por dia? O que essa atividade tem acrescentado à sua vida? Pois é! Mude essa realidade. Você vai ganhar três ou quatro horas em sua rotina diária para conversar com os filhos, ler um bom livro, relaxar, bater papo com os amigos. Você só tem a ganhar.

Como essa onda de negatividade influencia de forma significativa o comportamento das pessoas, é natural que elas se sintam acuadas e amedrontadas. Agora imagine se você contar a um grupo de amigos que está pensando em abrir um negócio, especialmente num momento de crise. Provavelmente eles dirão que você está louco; que viram na televisão que a crise se arrastará por mais quatro anos; que as empresas estão enxugando seus quadros de colaboradores para economizar; que nenhuma organização está conseguindo honrar seus compromissos financeiros; que o desemprego está em alta e a economia em baixa. Se você está insistindo em empreender nesse cenário terrível, dizem eles, deve ter perdido o juízo.

Você não tem ideia, amigo leitor, de quantas palavras desencorajadoras ouvi ao longo da minha trajetória toda vez que contava para as pessoas os meus planos de abrir uma empresa, de investir numa nova tecnologia, de apostar na inovação de um processo que eu pressentia estar ficando ultrapassado. Choviam conselhos negativos. "Não faça isso! Você vai quebrar", diziam. "Já tentaram algo parecido e fracassaram", comentavam. "Essa estratégia nunca dará certo num país como o Brasil", garantiam. Se me deixasse influenciar por esses comentários, jamais teria me tornado um empreendedor de sucesso. Pés no chão e mente em equilíbrio. Razão e emoção.

Você precisa fazer uma blindagem contra o pessimismo. Procure distinguir aquilo que é um conselho válido dado por um amigo da mera manifestação de temor apresentada por alguém sem muita análise e critério. Muitos indivíduos não conseguem vencer na vida e nem realizar os seus sonhos e criticam você porque simplesmente deseja vencer e realizar algo grandioso. São os destruidores de sonhos. Quando confidenciei a um amigo que queria ter a minha própria escola, o seu comentário foi o seguinte: "Você é louco. Não faça isso. Não troque o certo pelo incerto. A economia anda mal. Além do mais, esse negócio de dar aulinhas de inglês não dá futuro para ninguém", disse ele. Foi um balde de água fria na minha cabeça. Conversei com outros colegas e eles disseram a mesma coisa. O melhor a fazer era desistir.

Apesar dos comentários nada animadores, eu tinha plena convicção de que aquele era o meu caminho. Além disso, eu havia buscado a orientação divina e Deus havia iluminado minha mente e me mostrado que a educação era o caminho que eu devia seguir. Infelizmente, muitas pessoas ficam apegadas aos seus medos interiores, receios, dúvidas e fantasmas imaginários. Por essa razão, elas não realizam seus sonhos. Avalie se você não está sendo influenciado por opiniões de terceiros ou se está valorizando sua própria intuição e, mais importante, reconhecendo e seguindo a inspiração divina.

# EMOÇÃO E RAZÃO DETERMINAM SEU NEGÓCIO

As pessoas tendem a ver o mundo dos negócios como um universo exclusivamente racional. As empresas estão lá para vender cada vez mais e ganhar cada vez mais dinheiro. Os funcionários estão lá para receber o seu salário no final do mês. Os clientes estão lá para terem suas necessidades atendidas. Falar em emoção nesse cenário é algo que pode soar estranho. Mas quem move o mundo dos negócios são as pessoas. E isso faz toda a diferença. A emoção positiva ou negativa está presente em maior ou menor grau em todas as situações pelo simples fato de envolverem gente de carne e osso como eu e você. Ter consciência disso e saber lidar com todas as emoções envolvidas – suas, dos clientes, dos consumidores, dos parceiros comerciais – irá ajudá-lo a se tornar um empreendedor diferenciado e muito mais vitorioso.

De certa forma, comecei a aprender a controlar os aspectos emocionais quando ainda era um garoto no Paraná, que tentava ajudar meu pai a vender seus produtos pelo interior daquele estado. Com o incentivo e apoio de meu pai, pude caminhar com segurança por esse caminho tortuoso e cheio de armadilhas chamado empreendedorismo. Hoje, saber encontrar o equilíbrio entre os fatores emocionais e racionais pode ser a diferença entre o sucesso ou o fracasso.

Sei, por exemplo, que o consumidor faz uma determinada compra baseado na razão e influenciado por aspectos emocionais. Mas em qual momento a razão se sobrepõe à emoção e vice-versa? Se você for conversar com especialistas em consumo, certamente cada um terá sua visão particular sobre o tema. Eu não tenho dúvidas. Quando um consumidor vem à sua loja em busca de um produto ou serviço, ele está atrás da solução para uma necessidade ou problema real. Por exemplo, o indivíduo que procura uma escola de inglês quer viajar ao exterior a passeio ou participar de algum congresso internacional, ou busca de qualificação profissional para aumentar suas chances de crescer na carreira. Ou seja, ele tem uma "razão" que o impele a buscar uma solução para sua dor ou necessidade. Quem visita uma loja Mundo Verde em busca de produtos naturais está querendo cultivar hábitos alimentares mais saudáveis, perder peso, ter mais qualidade de vida, ensinar os filhos a importância de consumir alimentos com menos teores de gordura, sódio e açúcar. Todas essas motivações que levam o consumidor a sair de casa são puramente racionais.

Agora observe como é interessante o comportamento do consumidor. Depois de feita a escolha do estabelecimento com a finalidade de resolver uma necessidade prática e objetiva, entram em cena os fatores emocionais. O aluno estuda seis meses na escola de inglês e chega a hora de renovar sua matrícula para o próximo semestre. A decisão de renovar ou não é basicamente emocional. Se ele gosta dos professores, fez amigos, se sente acolhido em sala de aula e tem um ambiente agradável, a tendência é renovar a matrícula. Vale o mesmo para quem retorna ao Mundo Verde para uma nova compra. Se o consumidor foi bem atendido, recebeu as informações necessárias sobre os mais variados produtos e achou as embalagens bonitas e adequadas, a tendência é que retorne outras vezes.

Minha experiência me ensinou que antes de poder fidelizar o cliente eu precisava fidelizar o colaborador. Na sede da escola que fundei, mantínhamos centenas de colaboradores; porém, toda segunda feira, das 8h00 às 8:30h, não atendíamos clientes, fornecedores ou o telefone. O que fazíamos então? Eu, juntamente com os demais diretores, nos reuníamos com todos os colaboradores no auditório da empresa. Nesse momento, cantávamos o hino da empresa e o hino nacional, comemorávamos os aniversariantes do mês e aqueles que completavam mais algum ano de casa. Reconhecíamos as novas contratações e promoções, parabenizávamos os noivos, os recém-casados, as colaboradoras grávidas. Toda segunda-feira pela manhã acontecia uma grande festa, que terminava com um *coffee break*. Você acha que alguém chegava atrasado na empresa? Alguém chegava cabisbaixo ou com raiva do patrão ou dos colegas de trabalho? Não, claro que não.

Por isso é importante, meu amigo leitor, que você encontre alternativas para incluir no seu produto ou serviço elementos emocionais que permitam a fidelização de seu colaborador e de seu cliente. Nas minhas escolas de inglês, por exemplo, comemoramos todos os meses alguma data festiva. Portanto, ir estudar inglês era uma grande festa. É claro que a qualidade das aulas era prioridade e a base do nosso sucesso, mas estudar numa das escolas da rede era também garantia de um ambiente alegre, onde os estudantes faziam novas amizades. Na hora de renovar sua matrícula, o aluno não pensava duas vezes, pois havia uma forte ligação emocional com a escola.

Outra preocupação que tenho é com a iluminação dos ambientes. Como a maior parte das aulas acontecia no período da noite, as salas tinham obrigatoriamente que ser bem iluminadas. Imagine um profissional que trabalhou o dia todo estudar inglês à noite num ambiente com pouca luz. Ele dormiria antes mesmo de abrir o livro. Da mesma forma, todas as lojas da Mundo Verde são bem iluminadas para que o consumidor tenha uma boa visão do ambiente e dos produtos, possa ler os rótulos e escolher aqueles alimentos que mais atendem suas necessidades. Portanto, cuidar da iluminação é vital.

A limpeza dos banheiros também afeta a percepção que o cliente forma a respeito do seu negócio. Quando nos mudamos de Mogi Guaçu para Campinas, a Vânia começou a procurar escola para os garotos que na época tinham 8 anos de idade. Uma amiga lhe recomendou uma escola particular muito conceituada na cidade. Vânia colocou os meninos no carro e foi visitar o tal colégio. Enquanto ela estava na secretaria obtendo as informações Lincoln pediu para ir ao banheiro. Quando voltou falou baixinho para a mãe:

> **O cliente vem até você movido pela razão.**
> **Ele permanece seu cliente baseado na emoção.**

- Nessa escola não estudo de jeito nenhum.
- Por que não, meu filho?
- Se você tiver coragem, entre no banheiro e você vai saber por que.

Embora a proposta pedagógica da escola fosse muito boa, o elemento emocional em relação ao banheiro fez com que a escola perdesse a matrícula de dois alunos novos. Acho que por esse motivo minha preocupação com os banheiros nas escolas da rede era imensa. Insistia muito com os franqueados para que mantivessem tudo limpo. Eu considero esse assunto tão importante que costumo fazer uma apresentação, de certa forma teatral, para enfatizar a importância de manter impecavelmente limpo o banheiro de seu estabelecimento comercial. Lembre de que estamos falando de razão e emoção. Em primeiro lugar, quando dá aquela vontade incontrolável que você não consegue mais esperar, a sua decisão de ir ao banheiro é 100% racional. Você tem que ir. É uma necessidade fisiológica a ser atendida imediatamente, sob risco de acontecer um acidente de proporções desagradáveis. Mas assim que você entra no banheiro, a sua experiência passa a ser 100% emocional. Imagine que você não consegue fechar a porta do *box* que escolheu. Onde colocar a bolsa? Onde colocar o casaco ou paletó? Às vezes o vaso tem tampa e às vezes não tem. Às vezes parece que um deficiente visual usou o banheiro antes de você. Depois de você ter se aliviado, sem o desespero, quando você olha ao redor e não encontra o papel, nem no papeleiro, como você se sente? Quando você vai lavar as mãos, já lhe aconteceu de não sair água da torneira? Certa vez abri a torneira e fiquei com a torneira na mão, e o sabonete líquido? E onde está o espelho do banheiro? Mulher é vaidosa, quer ajeitar o cabelo. O homem *também*. E você já teve a experiência de enfrentar toda essa cena no escuro? Eu já tive essa experiência. Que sensação horrível. Como você pode observar, as emoções estão sempre presentes num estabelecimento comercial. Cabe a você determinar se seu cliente terá uma experiência positiva ou negativa em sua empresa. Portanto, se na sua atividade comercial existe a possibilidade de seu cliente ir ao banheiro, avalie como estão essas condições e tome as medidas corretivas necessárias.

Todos os detalhes que acabo de citar são apenas alguns exemplos de como simples elementos atingem o lado emocional das pessoas e podem contribuir para estreitar laços de confiança e fidelizar clientes, consumidores e parceiros comerciais. O ser humano tem suas complexidades emocionais em sua forma de agir e pensar. Mas também sabe enxergar nos detalhes simples e aparentemente pouco relevantes a importância e o carinho com que são tratados e valorizados. Todos esses elementos fazem a diferença na hora de o indivíduo optar por continuar ou não sendo seu cliente.

# 10 PRINCÍPIOS QUE EU PRATICO

Não foi fácil alcançar o sucesso que conquistei como empreendedor. Você acompanhou nos capítulos anteriores o infindável número de desafios que tive de superar para hoje colher os frutos. Eu me orgulho de cada degrau vencido, cada obstáculo superado. Posso lhe garantir, no entanto, que mesmo me tornando um empreendedor bem-sucedido, estou sempre buscando novos desafios, novos sonhos. O maior desafio de um empreendedor de sucesso é continuar tendo sucesso. Caso contrário seu negócio pode ir bem nos primeiros anos e naufragar nos mares revoltos da expansão da empresa.

Essa é a razão pela qual continuo empreendendo com a disposição de um jovem iniciante no mundo dos negócios. Eu me encanto com o que faço. Vibro ao vislumbrar uma boa oportunidade. Agradeço a Deus a oportunidade de poder gerar mais empregos. Adoro ajudar pessoas a se tornarem milionárias. No dia em que não sentir mais essa paixão, não haverá mais razão para continuar. Todas as minhas conquistas estão baseadas num modelo mental (emoção) e de gestão (razão) que elaborei e que sigo à risca.

À medida em que ia comandando meus negócios e construindo o patrimônio de minha família, descobri que o sucesso tem alguns componentes fundamentais que estão presentes na esmagadora maioria das trajetórias de empreendedores vitoriosos. Com frequência reflito sobre esses princípios e cada vez mais percebo o quanto eles formam uma receita de ouro para quem deseja começar um novo negócio ou continuar sendo bem-sucedido pelo resto da sua vida, independentemente de crises econômicas nacionais ou internacionais, altas e quedas da nossa moeda, PIBs acima ou abaixo da média estabelecida no início de cada ano, *deficit* ou *superavit* da nossa balança comercial, abundância ou falta de matéria-prima, escassez ou profusão de talentos no mercado. Na verdade, esses princípios me ajudaram a atravessar todas essas tempestades em segurança. Por essa razão, quero apresentá-los aqui e recomendo que você os tenha como fiéis companheiros de sua jornada.

*escreva aqui suas ideias e insights*

## 1. ZERE SEU PASSADO NEGATIVO

Será que em seu passado você cometeu erros, tomou decisões precipitadas, fez escolha erradas, seguiu caminhos equivocados? Será que alguém se aproveitou de você, tirou vantagem de você, lhe magoou, lhe cometeu uma grande injustiça, lhe causou um grande dano, transtorno ou prejuízo? Será que apenas a lembrança da situação negativa indesejável já lhe causa um mal estar, uma aflição, depressão ou angústia profunda? Sim, acho que todos já passamos por situações semelhantes. O problema mais sério é que algumas pessoas vivem presas a esse passado triste e sombrio. Talvez tenha sido uma situação vivida há 10, 20, 30 anos e a pessoa continua sofrendo, se remoendo, revivendo aquela dor. Sabe o que descobri em relação a essa atitude ou comportamento? Tais pessoas não progridem. Pois gastam todo seu tempo, energia e talento voltadas para esse passado negativo. Algumas chegam a ficar paralisadas temendo que a história infeliz se repita. Em vez de caminharem para frente, ficam presas, amarradas, acorrentadas ao passado infeliz. Assim, elas mantêm antigas mágoas e se tornam pessoas amargas. Além do mais, fazem questão de ficar contando aos outros as histórias de sofrimentos já contadas tantas vezes. Por isso, ponha isso em sua mente. Daqui para frente, zere seu passado negativo. Sabe por quê? Porque seu passado já passou. E não há nada que você possa fazer para mudar o que aconteceu há 10, 20 ou 30 anos. O que você pode fazer é mudar o presente, e o mais importante, mudar o seu futuro, pois é lá que você irá viver o resto de sua vida. Mantenha na lembrança os erros cometidos antigamente tão somente como um mecanismo de proteção para evitar cometê-los novamente. Mas não como uma bússola a determinar o seu destino. Dificilmente você encontrará a resposta que tanto procura olhando para trás. Até mesmo Deus está muito mais interessado em seu futuro do que em seu passado.

## 2. FORME UMA BIBLIOTECA DO SUCESSO

Quando fazia meu curso de graduação nos Estados Unidos, decidi que não me limitaria a ler apenas os livros solicitados pelos professores para poder fazer os exames, ser aprovado e conquistar o diploma. Se me limitasse a seguir o padrão, como iria me diferenciar dos demais? Por essa razão, passei a comprar e a ler livros sobre temas que eu considerava importantes para meus futuros negócios, como liderança, gestão de pessoas, vendas, motivação, sucesso, finanças pessoais e empresariais. Aos poucos, formei o que chamo de minha biblioteca do sucesso, um acervo de livros escritos por grandes empresários, consultores e especialistas que fizeram questão de dividir seu conhecimento com os leitores exatamente como faço com você agora, amigo leitor. Li alguns livros várias vezes, tamanho o impacto que tiveram na minha formação e na minha vida. Você não pode abrir mão de todo esse conhecimento que está facilmente ao seu alcance relatando exemplos de pessoas que saíram do zero e chegaram ao topo.

### 3. FOCO NO RESULTADO, NÃO NO PROBLEMA

Outra importante característica de um líder de sucesso é manter foco no resultado e não no problema. Certa vez, enfrentei um acúmulo inesperado de pedidos em meu setor de logística e consequentemente muito atraso na entrega dos pedidos aos clientes. Numa reunião para avaliar a situação fiquei surpreso quando um colaborador sugeriu: "Por que não desenvolvemos um *software* para acompanhar o atraso de cada pedido existente no sistema?" Eu não resisti e ri em público diante de sugestão tão absurda. Enquanto eu estava 100% comprometido em acabar com o atraso na entrega dos pedidos, ele estava interessado em "administrar o caos, a crise, o problema". Isso me faz lembrar que muitas vezes questionamos a ordem dos cubos, quando deveríamos questionar se precisamos ou não dos cubos.

### 4. PROCURE SE CERCAR DE PESSOAS COMPETENTES

Ninguém jamais fez algo grandioso sozinho. Todos aqueles que venceram souberam ter ao seu lado profissionais altamente capacitados e capazes de gerar resultados, mesmo quando o dono do negócio não está presente. Quando digo isso, logo aparece alguém avisando que estou contradizendo o velho ditado que diz "O olho do dono é que engorda o gado". Bem, se você quiser ter um rebanho com duas ou três vaquinhas, talvez o caminho seja mesmo ficar 100% do tempo tomando conta delas e cuidando de cada detalhe. Mas, se o seu objetivo é ter uma boiada com milhares de cabeças de gado, não conseguirá controlar tudo o tempo todo em todos os lugares. Terá de aprender a delegar. E para isso precisará de pessoas competentes para ajudá-lo.

Caberá a você não mais cuidar dos aspectos operacionais do dia a dia, e sim ficar atento à estratégia de crescimento, e cuidando dos indicadores que garantam o lucro da operação. No entanto, ao delegar o comando de suas unidades a alguns colaboradores qualificados, você precisará combinar os prazos para as entregas e definir um modelo para acompanhar a evolução de cada tarefa delegada. Delegação de alguma atividade sem o devido prazo para entrega e acompanhamento é pura enganação. Se você não acompanhar o que delegou, você corre o risco de jamais ver a tarefa realizada.

## 5. FAÇA COM QUE SEU NEGÓCIO GANHE ESCALA

É fundamental que o negócio no qual vou investir seja escalável. Você somente irá prosperar de verdade se sua empresa crescer, se expandir e se tornar líder no seu segmento, e a maneira de fazer isso é se você contar com centenas ou milhares de pessoas envolvidas no sistema. Eu pessoalmente me considero um formador de empreendedores. Você precisa fazer o mesmo. O Grupo Sforza, a *holding* que controla todas minhas empresas, considero ser uma grande escola de empreendedorismo. Você precisa fazer o mesmo. Não importa se estou vendendo um serviço ligado à educação, ou um produto ligado à alimentação saudável ou artigos esportivos. Todos os nossos negócios precisam ser replicáveis. Finalmente, nossa missão é treinar, capacitar, qualificar e formar empreendedores. Com base nesses conhecimentos transmitidos de forma sistemática, nossos parceiros de negócios (os franqueados) vão saber aplicar os modelos comerciais que apresentamos, e assim irão conquistar sua independência financeira.

Baseado nesse modelo expansionista, incentivamos os franqueados a ter múltiplas unidades. Por exemplo: temos um franqueado Mundo Verde que possue diversas lojas. Ele emprega centenas de funcionários, suas lojas são campeãs de vendas e apresentam faturamentos milionários. Só conseguiram alcançar esse patamar porque enxergaram que o melhor caminho a ser seguido era ser dono de várias unidades, pois somente desta maneira se relacionariam com um número maior de parceiros e de consumidores. No mundo dos negócios, descobri que ou você lidera o mercado ou é liderado por seus concorrentes. A escolha é sua.

## 6. PRATIQUE O PRINCÍPIO DA RESILIÊNCIA

A resiliência é a capacidade que o indivíduo tem de se submeter a um esforço extra, seguindo avante passo a passo, mantendo uma disciplina rígida até atingir o resultado almejado. A resiliência é um teste de perseverança que faz a pessoa se submeter a sacrifícios extremos na busca de seus objetivos, sem se deixar abater por comentários, atos ou atitudes de terceiros ou circunstâncias adversas encontradas pelo caminho.

Quando eu dava aulas de português no MTC, em Utah, eu era apaixonado pelo meu trabalho, o ambiente era ótimo, os alunos todos comprometidos, disciplinados, professores e alunos todos de camisa branca e gravata. Um emprego ideal para quem estava na faculdade. De repente, meu chefe me chamou para dizer que as aulas de português seriam canceladas e todos os professores dispensados por tempo indeterminado. Assim que as aulas de português fossem retomadas, eles nos chamariam. Naquele instante me bateu enorme preocupação, eu só pensava: "E agora? Como sustentar a esposa, os filhos gêmeos pequenos e arcar com todas as despesas da casa e da faculdade?"

Diante do impasse, comecei a procurar trabalho dentro e fora do campus. Passei por várias entrevistas, recebi muitas promessas, só que ninguém me chamava para emprego. Quando as contas começaram a se empilhar, finalmente, surgiu uma opção, a de trabalhar em um restaurante das seis da tarde à meia-noite. Para fazer o quê? Ficar na pia da cozinha lavando os pratos por horas e horas sem descanso. No final do expediente, meu guarda-pó verde já estava encharcado e manchado após centenas de pratos, copos, talheres, panelas, xícaras etc.

Não pensem que essa era a tarefa mais difícil. A parte mais pesada começava próximo da meia-noite quando o restaurante fechava e eu devia lavar o chão da cozinha deixando tudo pronto para o expediente no dia seguinte.

Esse emprego me sustentou por alguns meses, até que meu antigo chefe do MTC me ligou dizendo para retomar o serviço voltando a dar aulas de português. O que a lição do restaurante me ensinou? Foi um período de grande resiliência, pois minha

consciência, meu temperamento e filosofia de vida não me permitiram recorrer a empréstimos de terceiros, de bancos ou da família. Nem por um segundo me ocorreu pedir socorro à igreja para pagar minhas contas. Eu estava decidido a fazer o que fosse necessário para manter minha autonomia, desenvolver minha autossuficiência, sem depender de terceiros.

## 7. ADOTE O CONCEITO DA ACCOUNTABILITY

Accountability é um princípio amplamente utilizado e valorizado na cultura empresarial americana, faz

> **Ninguém jamais fez algo grandioso sozinho. Todos aqueles que venceram souberam ter ao seu lado profissionais altamente capacitados e capazes de gerar resultados mesmo quando o dono do negócio não está presente.**

parte da cultura daquele povo. Em português, prefiro chamar este conceito de "autorresponsabilidade". Ou seja: a determinação de a pessoa de realizar o que se comprometeu a fazer, no prazo e condições pré-estabalecidos. Ou seja, cumprir o compromisso assumido com a empresa ou com o cliente. A pessoa imbuída da "autorresponsabilidade" não se importa em se submeter a qualquer sacrifício pessoal, pois seu compromisso de entrega do que foi acordado está acima de suas conveniências pessoais. Baseado nesse conceito é que empresas responsáveis, com frequência, anunciam *recall* de carros que apresentam algum tipo de defeito. Estas organizações assumem o custo dessa operação para garantir a segurança e satisfação do cliente. A meu ver, *accountability* é um dos principais símbolos de líderes e empresas bem-sucedidos. Certa vez tivemos um sério problema de abastecimento de material didático em nosso estoque. Vários pedidos seguiram parcialmente para as escolas, causando grandes transtornos para professores e alunos. Finalmente, recebemos os materiais faltantes e fiquei muito surpreso quando o gerente de logística me perguntou quem iria arcar com o custo de envio desse material. Em minha mente nunca houve dúvida que a empresa arcaria com o custo deste envio. O cliente não pode ser punido pela incapacidade gerencial da empresa fornecedora de produtos ou serviços.

## 8. DESENVOLVA UMA HABILIDADE PESSOAL

- Carlos, a pessoa nasce ou se torna empreendedor?
Eu acredito que muitas pessoas nascem com a predisposição ao empreendedorismo. Algumas exploram e desenvolvem essa habilidade e outras, não. No meu caso, acho que meu desenvolvimento como empreendedor começou aos 12 anos quando ainda viajava de caminhão com meu pai vendendo produtos

pelo interior do Paraná. Ali começava minha carreira de empreendedor. Nessa idade também comecei a desenvolver outra habilidade que teve um grande impacto em minha trajetória: comecei a aprender inglês com os missionários Mórmons.

Quando tinha 15 anos, aconteceu um fato significativo. No colégio, os colegas da classe me fizeram uma proposta , a qual, na época, não dei importância. Eles me pediram:

- Carlos, vamos ter prova de inglês esta semana. Você é o melhor aluno de inglês da sala. Que tal você nos socorrer e nos dar uma aula antes da prova?

Concordei e ajudei os colegas a se prepararem para a prova. Se eu conseguisse prever meu futuro profissional, eu teria tirado uma foto daqueles colegas, emoldurando-a e guardando-a para perpetuar a memória de meus primeiros alunos ainda na adolescência.

O autor Malcolm Gladwell defende o conceito de que qualquer indivíduo que alcançou grande sucesso, antes de vencer, despendeu pelo menos 10 mil horas praticando, treinando, errando e acertando, até atingir o topo do sucesso. Ainda não parei para contar quantas horas já despendi lecionando, negociando ou administrando, mas certamente já passei em muito de 10 mil horas. Agora, você leitor, pare e pergunte a si mesmo, quantas horas já empregou a fundo em busca da realização de seu maior sonho? Logo vai concluir que não existe sucesso da noite para o dia.

## 9. MANTENHA A EDUCAÇÃO CONTÍNUA

Quando eu estava na metade de meu curso universitário, consegui um estágio numa empresa de tecnologia em Utah. Ao atuar no mundo real da profissão, logo tive uma sensação comum a muitos alunos. Em alguns momentos não havia muita correlação entre o que aprendia em sala de aula e as tarefas diárias que desempenhava na empresa. De repente, comecei a questionar o tempo, recurso e energia despendidos na faculdade. Será que se eu me concentrasse 100% no trabalho, eu não teria mais chance de sucesso? Com esse pensamento, um dia fui conversar com meu chefe, pedi seu conselho, queria ouvir o que me diria sobre meu dilema. Depois de ouvir pacientemente minha história, ele colocou a mão nos meus ombros e disse:

- Carlos, você pode desistir ou continuar na faculdade. A escolha é sua. Quero apenas compartilhar algo com você. O empregador quando analisa o currículo de um candidato que começou no ponto A com o objetivo de chegar ao ponto Z, e de repente desiste na metade do percurso, não quer saber os motivos da desistência. O empregador apenas conclui o seguinte: Eis um candidato que se propôs a alcançar uma meta, e, por qualquer razão, desistiu. Não persistiu. Não seguiu avante. É uma pessoa sem direção, sem determinação, sem disciplina.

Agradeci suas palavras e já estava saindo de sua sala quando ele acrescentou:

"Mas há algo mais que você precisa saber Carlos. Estou há mais de 10 anos nessa empresa e esse ano voltei à universidade para fazer meu MBA. A competição é muito grande. Se eu não me qualificar vou ficar para trás. Vou ficar numa situação vulnerável e diminuir meu grau de empregabilidade no mercado de trabalho". Naquele instante, descobri que meu chefe tinha um compromisso com sua educação contínua, uma característica comum entre os líderes bem-sucedidos.

## 10. PRATIQUE O CONCEITO DO GANHA-GANHA

Desde que comecei a expandir meus negócios por meio do sistema de franquias, ficou claro que era fundamental que os professores ganhassem dinheiro e que os franqueados ganhassem muito mais dinheiro. Se eles fossem bem-sucedidos eu também seria. O sistema de franquias me encanta porque estabelece justamente esse conceito de que todos devem sair satisfeitos na relação comercial. Isso inclui o franqueador, o franqueado, o colaborador, o cliente, o consumidor, o fornecedor e os demais parceiros comerciais. Mas basta apenas um desses elos da corrente não se sentir satisfeito para ela se fragilizar e romper, comprometendo um negócio promissor. Portanto, olhe para a sua empresa e procure descobrir como fazer todos aqueles que têm alguma relação com o seu negócio saírem ganhando, lucrando e prosperando. Todos os colegas e parceiros que ajudei a se tornar milionários continuam sendo meus amigos até hoje. Esse é o aspecto mais gratificante dessa relação. O dinheiro é consequência da realização que conquistamos.

Quero reforçar esse último conceito com um exemplo prático envolvendo minha experiência pessoal. Assim que iniciei meu projeto de dar aulas de inglês, logo descobri que o melhor caminho para a expansão do negócio era acreditar nas pessoas e ter parceiros comprometidos com a qualidade. Naquela ocasião, passei a procurar professores em cidades do interior dispostos a adotar o meu método de ensino. Numa das viagens, acabei indo parar em Mogi das Cruzes, cidade próxima à capital paulista. Lá chegando com minha Brasília azul, comprei um jornal e comecei a procurar por anúncios de professores de inglês. Foi assim que me deparei com o classificado da professora Fadua Hashid Sleiman. Telefonei para ela, expliquei o motivo da ligação e agendamos uma reunião para aquele mesmo dia. Ela me recebeu com certo receio e desconfiança. Afinal eu era uma pessoa estranha querendo convencê-la a adotar um método nada ortodoxo de ensino de inglês. Agradeci a oportunidade de conhecê-la, falei da metodologia que tinha desenvolvido e perguntei se ela tinha interesse em adotá-la. A resposta foi negativa.

Como não desisto fácil, insisti. Argumentei que meu método tinha eficiência comprovada e que os alunos aprendiam de forma muito mais rápida. Garanti que em pouco tempo ela teria mais alunos e maior rentabilidade. Ela me perguntou quanto teria que pagar pelas apostilas e os direitos de usar o método. Expliquei tudo detalhadamente e ela disse que não estava interessada, pois tinha seu próprio método de ensino. Ainda assim persisti, argumentando que meu método iria ajudá-la muito e que a procura pelo curso aumentaria. Informei ainda que ela poderia me dar um cheque pré-datado para 30 dias. Fadua permanecia irredutível. Parti então para minha última cartada. Uma proposta irresistível. Eu a desafiei a ficar com dez conjuntos de material didático sem me pagar nada. Ela iria abrir uma nova turma para estudar exclusivamente pelo meu método. Assim ela poderia comparar a eficiência do método dela com o meu. Depois de um mês, eu retornaria para saber sua opinião. Se afirmasse que ainda preferia manter o seu método, eu iria embora e ela devolveria as apostilas e não teria que pagar nada pelo material. Ela, enfim, aceitou fazer o teste.

Ao retornar após 30 dias, Fadua me recebeu com um sorriso largo no rosto. Não só pagou as apostilas como fez um pedido de mais 10 materiais didáticos. Agora gostaria de fazer uma pergunta ao amigo leitor: Depois de receber tantas negativas, o que você teria feito nessa situação? Pois bem, Fadua adotou plenamente a metodologia de ensino inovadora. Mais tarde, ela se associou à professora de inglês, Tieko Tsai, e juntas abriram uma escola em Guarulhos. Com o passar dos anos, Tieko se tornou a maior franqueada Wizard mundial, com dezenas de escolas em várias cidades do estado de São Paulo, atendendo milhares e milhares de alunos. Quem conseguiria imaginar que seguir a intuição de deixar as apostilas a título experimental com a Fadua traria tamanho resultado?

O que fez a diferença nessa história? Foram as respostas negativas da Fadua ou o meu modelo mental? O meu modelo mental. Em momento algum desisti daquela ótima professora e tinha certeza de que Fadua poderia ganhar muito dinheiro, se adotasse minha proposta de negócio. Eu queria que ela alcançasse um novo patamar de faturamento. O sucesso dela era também o meu sucesso. Ambos ganharíamos.

A maioria dos vendedores teriam recuado diante de tantos "nãos" seguidos. Mas eu pensava de forma diferente. Estava um passo à frente dos demais vendedores do mercado. Eu confiava no talento da professora Fadua. Foi dessa maneira que consegui ensinar cerca de um milhão de alunos a cada ano. Pense sempre em incluir na sua estratégia de negócios a solução para que todos à sua volta ganhem dinheiro.

Todos os dias, quando acordo e me levanto da cama, sei que preciso trabalhar duro e jamais abrir mão dos conceitos que acabei de lhe apresentar, caro leitor. Exige certa dose de disciplina, mas esse é um dos meus pontos fortes. Sou disciplinado e determinado. Mantenho o foco naquilo que desejo alcançar e não desvio do meu objetivo, sempre seguindo meu modelo mental e modelo de gestão.

● ● ●

# 5

## A JORNADA DO EMPREENDEDOR

Se você é empreendedor ou pensa em ter o seu negócio, tenha em mente que um de seus principais objetivos é atender a uma necessidade do mercado. Você deve fazer isso em grande escala e como consequência irá ganhar muito dinheiro. Não há nada de errado nisso, embora provavelmente algumas pessoas irão criticá-lo dizendo que você só pensa em grana. Sempre que faço um balanço da minha jornada como empreendedor, percebo que uma das minhas virtudes foi sempre fazer aquilo que era necessário. Quero sempre ter mais clientes, mais franqueados, maior faturamento. Aprendi a fazer essas escolhas logo no início de minha trajetória. Procuro também não me apegar ao passado, afinal, o passado já passou. Se precisar abrir mão de algo para avançar de forma mais incisiva, eu o faço. Por exemplo: quando atingi o total de 100 escolas, surgiu a dúvida: com o crescimento acelerado do negócio, devo manter a primeira escola que abri? Faz sentido conservá-la para servir de modelo às demais e como uma referência de onde tudo começou? Concluí que, apesar de ter um imenso carinho por aquela escola, não havia essa necessidade. Afinal, não era ali que estava a minha fortuna e sim no método que desenvolvi e na rede de escolas que o replicavam. Decidi vendê-la e não me arrependo. Novamente, a razão prevaleceu sobre a emoção. Sem a escola para cuidar, pude me dedicar integralmente a treinar e preparar os franqueados para ganharem mais escalabilidade e consequentemente mais rentabilidade em suas próprias unidades.

A jornada do empreendedor possibilita o aprendizado de inúmeros conceitos que passam a ser aplicados no negócio e o fazem crescer, ganhar corpo e se consolidar. Comecei minha trajetória no setor da educação, minha verdadeira paixão. Hoje, além da educação, atuo nos segmentos de alimentação natural, artigos esportivos, academias de futebol, imóveis e, mais recentemente, rede de comida *fast-food*. Em todos eles aplico o mesmo modelo de gestão que faço questão de dividir com você agora. São 7 conceitos que sigo e que se encaixam em qualquer tipo de negócio. Não importa qual seja sua área de atuação. Eles certamente irão ajudá-lo a tornar o seu caminho menos turbulento.

## 1. AJUDE SEUS PARCEIROS A LUCRAREM

Para atingir seu primeiro milhão e depois se tornar multimilionário, você precisará criar um canal de distribuição capaz de atender ao mercado em alta escala. Defina o modelo de expansão que irá adotar. Será pelo sistema de vendas porta a porta? Através do *marketing* multinível? Por meio de representantes comerciais? Ou pelo sistema de franquias? Depois de montar sua rede de distribuição, o mais importante é sempre ter em mente esta pergunta: "Como vou fazer o meu parceiro ganhar dinheiro?" Você só terá sucesso de verdade se, em primeiro lugar, este parceiro também tiver. Em meu livro Desperte o Milionário que Há em Você, chamo a atenção dos leitores para um detalhe que muitas vezes passa despercebido pela maioria das pessoas. Se você observar a trajetória de sucesso dos empreendedores milionários, sejam eles brasileiros ou estrangeiros, verá que nenhum deles construiu seus negócios grandiosos de forma solitária. Trata-se sempre de algo consolidado por um grupo de pessoas que contribuiu através da soma de talentos diversos. O mérito desses empreendedores foi ter a competência de reunir em torno deles pessoas altamente capacitadas e de treiná-las, motivá-las e recompensá-las adequadamente. Quanto mais você auxiliá-las a ter sucesso, consequentemente mais sucesso você terá.

Conheço empreendedores que se recusam a dividir seu sucesso e reconhecer a contribuição daqueles que estão ao seu redor. Isso vale tanto na sua relação com colaboradores quanto com parceiros de negócio, por exemplo. Essa postura medíocre pode representar uma vantagem no primeiro momento para o empresário inexperiente, já que o dono do negócio está colocando muito dinheiro no seu bolso e pouco no dos demais. Mas é uma vantagem aparente. Em pouco tempo as pessoas percebem o que está acontecendo. Profissionais talentosos não se sujeitam a esse tipo de comportamento. Eles buscam novos caminhos, procuram outras oportunidades onde serão valorizados. Em alguns casos, o destino deles será justamente na concorrência. Franqueados, por sua vez, tendem a buscar um franqueador com essa visão mais abrangente da relação ganha-ganha. Nenhum franqueado quer se sentir apenas como um cliente mantendo tão somente uma relação de compra e venda de um produto ou serviço.

Trato os franqueados com o mais profundo respeito, admiração e sentimento de gratidão. Sem eles ao meu lado não teria alcançado o sucesso que conquistei. Nossos laços de integração e amizade transcendem muito os interesses econômicos derivados do negócio em si.

## 2. INVISTA NO PEQUENO PARA QUE SE TORNE GRANDE

Logo após ter adquirido a Topper e a Rainha, fui convidado para conceder uma entrevista a uma revista de grande circulação e falar dos meus projetos futuros. Concordei em dar a entrevista. O fotógrafo que acompanhava o repórter perguntou se eu poderia posar para a foto com uma bola da Topper na mão.

Sem problema algum. - respondi.

Seguindo meu instinto de estar próximo aos parceiros de negócio, fui até uma loja em Campinas para comprar uma bola e o dono me disse que não tinha. Ouvi a mesma resposta negativa no segundo e no terceiro estabelecimento que visitei. Encontrei o produto somente numa grande rede de artigos esportivos. Fiz a foto atendendo ao pedido do fotógrafo, mas estava intrigado. Procurei novamente os lojistas.

- Por que você não tem produtos da Topper na sua loja? – perguntei a um deles. O problema é a qualidade? Não tem procura? Seria por acaso o preço do produto?

Não é nada disso. – explicou um deles. Fui cliente durante muitos anos da Topper, mas a empresa deixou de me atender há algum tempo.

- Mas por que a Topper não o atende mais?

- Simplesmente me disseram que fui descredenciado da lista de clientes.

A história só piorava. Olhei para o lojista sem acreditar no que estava ouvindo.

- Eles disseram o motivo? – questionei.

- Não. Simplesmente pararam de me atender.

Olhei ao redor e só encontrei bolas e artigos esportivos de outras marcas. Algo estava errado. Em nossa próxima reunião de diretoria expus esse caso a todos os executivos na tentativa de encontrar uma explicação plausível.

- Como isso é possível? – perguntei. Por que descredenciaram esses lojistas?

- Há uma explicação, Sr. Carlos. Foi uma estratégia definida por nós – respondeu um diretor.

- Que estratégia é essa? Você poderia me explicar?

- Foi decidido que ficaríamos apenas com clientes de médio e grande porte e que deixaríamos de lado os pequenos.

- Como assim? Desprezar o pequeno consumidor?

- Sim, foi um consenso da antiga gestão.

- A título de curiosidade, vocês chegaram a descredenciar quantos clientes?

- Dois mil clientes, Sr. Carlos.

Essa resposta soou como um dos maiores absurdos que ouvi em toda a minha carreira de empresário. A empresa tinha mais de dez mil clientes no Brasil todo. Na análise que os executivos fizeram, o melhor caminho segundo eles era abrir mão de aproximadamente 2 mil deles. O motivo: aquele grupo de estabelecimentos consumia menos de 10 mil reais por mês, valor que consideravam baixo. O melhor, na visão do pessoal anterior, era manter o foco naqueles clientes que representavam grandes contas.

Mandei esquecerem aquela estratégia maluca e tentarem imediatamente recuperar os clientes que tinham sido abandonados. Estávamos perdendo dinheiro e deixando nossos concorrentes ocuparem um espaço importante e que era nosso. O pequeno lojista ou franqueado merece todo o meu apoio. Eu acredito que devo apoiar o pequeno para ajudá-lo a se tornar um grande empresário e, simultaneamente, investir no grande para que ele se torne gigante. Apostar no pequeno empresário tem sido meu lema desde o início de meus projetos.

Se você já tem um negócio ou pensa em abrir uma empresa, procure pensar em como fazê-lo ganhar escala. Quanto mais unidades você tiver espalhadas por uma cidade, pelo estado, pelo país, maiores são as suas chances de vender, vender, vender. Como informei anteriormente, tenho hoje na rede Mundo Verde franqueados que são donos de várias unidades e se tornaram milionários pelo simples fato de terem quebrado esse paradigma de apostar tudo numa única loja. O mundo corporativo mostra que os empreendedores de maior sucesso são aqueles que conseguem transformar o seu sonho individual em um sonho coletivo.

### 3. É PRECISO GOSTAR DE PESSOAS, ACREDITAR NAS PESSOAS E INVESTIR NAS PESSOAS

Sem as pessoas, uma empresa nada mais é do que um amontoado de tijolos, cimento, computadores, mesas de escritório, instalações elétricas etc. Não há vida e tampouco identidade. Não existe uma cultura que revele a verdadeira alma da organização. O que dá às empresas um sentido, uma razão de ser e uma alma são as suas equipes formadas por profissionais com os mais variados perfis técnicos e pessoais. Um brilhante time de talentos é capaz de transformar uma companhia num sucesso estrondoso mesmo com concorrentes poderosos no mercado. Da mesma forma, um grupo de colaboradores despreparados pode levar essa mesma companhia a um fracasso retumbante mesmo que não existam fortes concorrentes e haja uma demanda importante para os seus produtos.

Todo empreendedor deve procurar se cercar de gente competente.

Em minha trajetória, vi inúmeros candidatos a uma franquia que tinham o dinheiro contado no bolso para abrir o seu negócio. Quando encontro um candidato com esse perfil, costumo apostar em seu sucesso. Além de ter o espírito empreendedor, o indivíduo precisa gostar e entender de pessoas. Quem não se aproxima, não conversa, não se interessa pelo cliente, jamais irá vencer como empreendedor. É por essa razão que visito as lojas e aproveito para bater papo com meus franqueados sobre como podem expandir seus negócios. Sou um bom ouvinte e me interesso por aquilo que me contam. Se há uma queixa sobre um determinado produto ou a logística, por exemplo, procuro descobrir o que está acontecendo e resolver o problema. Durante as convenções que promovo com os franqueados, me dedico a esclarecer dúvidas, conversar com eles e compartilhar informações. Com isso, recebo o carinho e conquisto o respeito e o comprometimento de todos. Os franqueados sabem que podem contar comigo, com o apoio de meus filhos que estão à frente dos negócios e de toda nossa equipe de profissionais.

Há uma lição que aprendi alguns meses depois da abertura de minha primeira escola, quando fizemos a matrícula de um aluno. O pai pagou o semestre com cheques pré-datados. Por um descuido do pessoal do financeiro, um desses cheques foi depositado antes da data. O pai do aluno nos procurou bastante irritado, pois além de a escola não ter cumprido a sua palavra, aquilo comprometia o seu orçamento doméstico. Imediatamente devolvemos o dinheiro e pedimos imensas desculpas. Mas não era o suficiente para garantir a satisfação do pai. A escola precisava demonstrar que reconhecia o seu erro e ir além desse gesto. Informei ao pai que ele também não precisaria pagar a mensalidade do mês seguinte, pois seu filho estudaria de graça naquele período. Era a minha forma de dizer que sentia muito pelo erro que a escola tinha cometido. Não preciso dizer o quanto ele ficou grato e surpreso com esse gesto. Um consumidor satisfeito sempre falará bem da sua empresa, quando for bem tratado e terá por ela um carinho especial. Essa experiência me ensinou uma lição muito valiosa na busca da satisfação e fidelização do cliente: devemos ter a habilidade de transformar uma experiência negativa em uma experiência positiva, de tal forma que o cliente fique mais satisfeito após a ocorrência do incidente, como se nada tivesse acontecido errado.

## 4. MOTIVE SUA EQUIPE CONSTANTEMENTE

Para você ter sucesso em seus projetos, as pessoas que o cercam precisam estar 100% comprometidas com você. Em primeiro lugar, elas precisam acreditar em você e depois aceitar seus projetos. É fundamental que sua equipe se identifique com seus valores e compreenda como o trabalho que realizam contribuirá para que a empresa alcance seus objetivos. Finalmente, precisam estar apaixonados por aquilo que fazem, daí a importância de colocar a pessoa certa na função certa.

Acho importante pagar bons salários para fidelizar o colaborador, mas descobri que o dinheiro motiva o colaborador somente até um certo ponto. Você pode adotar uma política agressiva de remuneração para sua empresa, pagar salários acima da média de mercado e ter um generoso programa de participação nos lucros e resultados, mas se o ambiente de trabalho não for bom, se as pessoas não forem valorizadas, se você não tiver um bom relacionamento com sua equipe, dentre outros fatores, é provável que essa motivação não perdure. É preciso oferecer ao colaborador uma causa, algo que ele possa acreditar e buscar. Por exemplo: um funcionário de um laboratório farmacêutico que trabalha de madrugada numa linha de montagem e coloca os comprimidos na embalagem pode descrever sua função exatamente dessa maneira: colocar medicamentos nas caixas. Mas se ele tiver uma visão mais ampla da sua tarefa, vai dizer que está ajudando as pessoas a não sentirem dor, a reduzirem o sofrimento dos pacientes nos hospitais, a melhorarem a qualidade de vida das pessoas, independentemente do horário do seu expediente.

Um bom ambiente de trabalho é, sem dúvida alguma, importante para a pessoa se levantar todos os dias pela manhã e ir para o trabalho feliz. Também é fundamental que cada pessoa enxergue na sua atividade uma causa maior. Remunerar bem seus profissionais e reconhecer aqueles talentos que contribuem de maneira mais decisiva para o sucesso da sua empresa é essencial. O empreendedor que não adota essa estratégia corre o sério risco de logo perder seus melhores colaboradores. O profissional qualificado que não é valorizado irá pensar assim: "Já que não sou devidamente reconhecido aqui, o melhor a fazer é procurar outra oportunidade no mercado." Profissionais capacitados e que têm consciência de seu talento não costumam esperar por muito tempo esse reconhecimento acontecer.

Dentro de uma equipe há profissionais com os mais variados perfis. O que motiva um pode não motivar o outro. O empreendedor deve conhecer as características e competências individuais deles, pois isso lhe dará um norte em relação a como motivá-los. Há quem se motive mais diante de grandes desafios. Outros vibram ao trabalhar em equipes e compartilhar conhecimentos. Outros ainda adoram atuar de forma mais isolada, planejando ações que podem transformar um produto, um serviço ou até mesmo o negócio. E há aqueles que buscam uma remuneração acima da média. Se você conseguir dar a cada um aquilo que deseja, desde que obviamente mereçam, estará atuando diretamente na sua motivação. Por exemplo, certa vez uma colaboradora, que coordenava um projeto importante e muito lucrativo para a empresa, me perguntou se ela poderia receber uma bolsa Louis Vitton de premiação, em caso de sucesso. Não pensei duas vezes. Concordei na hora. Ela alcançou o resultado proposto. E é claro que foi com muita satisfação que gastei três mil dólares para lhe presentear com a bolsa tão desejada.

Esse modelo de premiação com objetos específicos gera um efeito emocional muito grande na equipe. O prêmio passa a ter um valor inestimável, pois além, do preço do prêmio em si, há o valor emocional que acompanha a premiação e isso não tem preço que pague.

Quem atua na área comercial já está habituado com um clima de competição e remuneração variável, de acordo com os resultados obtidos. Afinal, você não pode oferecer a um vendedor que durante o ano superou todas as suas metas o mesmo reconhecimento dado a outro que ficou sempre abaixo da expectativa. Os valores do salário e do bônus, por exemplo, não podem ser os mesmos para os dois, assim como as chances oferecidas de crescimento na carreira e a possibilidade de participação no programa de concessão de bolsas de estudos para graduação, pós-graduação e MBA.

Esse modelo de gestão tem um nome: meritocracia. Aqueles que ganham mais do que os demais e são promovidos em detrimento dos colegas simplesmente mereceram essas conquistas. Assim eles se sentem valorizados e percebem que a liderança está vendo com bons olhos a forma como estão desempenhando o seu trabalho. Repito: pessoas talentosas não costumam esperar a boa vontade da empresa para serem reconhecidas. Se você não valorizar seus melhores colaboradores, eles irão embora rumo a novos horizontes, muitas vezes para a concorrência. Desde o início, sempre adotei em minhas empresas o modelo de meritocracia, pois acredito ser a melhor ferramenta de retenção das pessoas mais talentosas. Já cheguei a pagar um bônus de milhões de reais para executivos que cumpriram em um ano a sua meta prevista. Cada um mereceu cada centavo que recebeu. Então nada mais justo do que reconhecê-los. Bônus e premiações são para quem merece. Não é à toa que já fiz mais de centenas de milionários em meu sistema de franquias tendo sempre como base esse princípio da valorização pessoal e reconhecimento pelos resultados alcançados.

## 5. CUIDE DE SUA IMAGEM DIGITAL

Sou um empresário que valoriza a independência, a criatividade e a autonomia de meus parceiros. Mais uma dica importante, se você se preocupa com sua imagem profissional, aqui vão 7 regras essenciais de comunicação por email. 1. Nunca envie um email sem identificar o assunto. 2. Se o email recebido é resultado de um email anterior e agora você está tratando de um novo assunto, atualize o assunto. 3. Email não é carta. Quanto mais curto melhor. Eu não leio emails longos. 4. Forneça a informação solicitada no próprio corpo do email. Evite o envio de anexo para responder algo simples. 5. Não copie toda a empresa em seus emails. Somente inclua as pessoas que estritamente fazem parte do assunto em questão. 6. Não fique enviando mensagens de teor questionável e piadas para seus contatos profissionais. 7. Se você valoriza as pessoas com as quais você se relaciona, responda à mensagem o mais breve possível.

## 6. CUIDE BEM DE SEU CLIENTE

Quem é empresário sabe que seu ativo mais valioso são seus clientes. Uma vez que você não pode atender cada cliente individualmente, sua equipe irá representá-lo nesse atendimento. Se por ventura o consumidor for tratado com descaso pelo colaborador ou sentir que não teve a atenção merecida e suas expectativas atendidas, ele não retornará mais. Se for o caso de uma rede de lojas, ele boicotará todas elas, mesmo que a experiência negativa tenha acontecido somente numa delas. Uma falha isolada pode contaminar o sistema todo.

Por essa razão, é preciso estar perto dos colaboradores, reforçar conceitos, explicar o quanto cada cliente é importante, independentemente do valor do produto que vai comprar. Por exemplo: o sistema de franquias só funciona, se cada franqueado estiver à frente do negócio e tiver a iniciativa de agir localmente. Não quero um parceiro que seja dependente de mim. Sou um empresário que valoriza a independência, a criatividade e a autonomia de meus parceiros.

## 7. TENHA VÁRIAS FONTES DE RENDA

Descobri que milionários desenvolvem várias fontes de renda simultaneamente. Por isso tente analisar em suas circunstâncias de que modo você pode criar novas formas de aumentar seus rendimentos. No início não se preocupe com o volume ou velocidade em que a receita virá até você. Mais importante que a velocidade é saber que você está no rumo certo. Gradualmente cada negócio irá crescer e você ira se beneficiar por ter criado um modelo gerador de novos recursos. Se você está em busca de um complemento à sua renda familiar, gostaria de convidá-lo a conhecer o modelo de negócios Aloha, que lancei junto com minhas filhas Thais e Priscila. Para maiores informações visite o site www.aloha.net.br

Quando apresento esses 7 conceitos nas palestras que faço pelo Brasil e no exterior, as pessoas geralmente me perguntam se existe algum que é mais importante do que o outro. Se é possível dar menos atenção a um ou dois deles para focar mais em outro. Considero todos importantes e fundamentais. Lembro sempre da figura daquele malabarista equilibrando vários pratos na ponta de varas e que corre de um lado para o outro movimentando-os para que não caiam no chão e se quebrem. Vida de empreendedor parte do mesmo princípio. Você cuida de vários aspectos do seu negócio ao mesmo tempo tendo a consciência de que não pode descuidar de nenhum deles sob pena de ver tudo ir ao chão. Cuide de tudo sempre com muito carinho, sabedoria, paciência, sabendo que um cliente satisfeito é seu maior patrimônio.

●●●

Para ser bem-sucedido
em seus negócios você precisa
gostar de pessoas.

# 6

## VENDER É SUA PRIORIDADE Nº 1

Não importa o que eu esteja vendendo no momento. Podem ser cursos de inglês, produtos naturais Mundo Verde, artigos esportivos Topper e Rainha, matrículas da Ronaldo Academy ou da Academia Palmeiras, ou comida mexicana na rede Taco Bell. Seja qual for o produto ou o serviço, o meu foco vai estar 100% em atender às expectativas do cliente para que a venda aconteça de forma satisfatória. Quero conhecer suas necessidades para atendê-lo bem, fazer com que retorne futuramente para uma nova compra e tornar esses momentos inesquecíveis para conquistar sua fidelidade incondicional. Se você é um fisioterapeuta qualificado, por exemplo, sabe que deve se preocupar com o paciente que está à sua frente se queixando de fortes dores e tornar a experiência positiva para que ele não abandone o tratamento pela metade e possa progredir até sua total recuperação. Enquanto o orienta a fazer exercícios necessários, como alongamentos e movimentação de articulações, você conversa de forma amigável, se interessa pelo seu histórico de vida e de saúde, avalia se há algum outro problema físico relacionado às dores, explica o quanto é importante tomar os medicamentos prescritos pelo ortopedista, descreve os próximos passos e vibra a cada dia com a evolução do tratamento. Sendo tão bem cuidado assim, é muito provável que seu paciente retorne no futuro, caso precise de ajuda novamente ou indique seu nome a amigos e familiares para que recebam o mesmo carinho e atenção.

Infelizmente o consumidor brasileiro ainda é muito maltratado, de norte a sul do país. Considero um absurdo um lojista criar obstáculos para trocar um produto com defeito. O mesmo vendedor que o atendeu e era só sorrisos antes de você fazer a compra se transforma num ser truculento, mal-humorado e grosseiro ao vê-lo retornar para realizar a troca. Não importa o motivo. Não há razão para esse comportamento desrespeitoso. Agindo dessa forma, o lojista dá ao consumidor a sensação de ser apenas mais um número que entrará no balanço no final do dia. Mas o consumidor sabe como reagir. Além do Código de Defesa do Consumidor, que garante uma série de direitos, e de órgãos de proteção como o Procon, a pessoa pode tomar algumas atitudes que podem ferir mortalmente o negócio. Certamente, ele não retornará à loja, falará mal da marca por onde passar e usará sua arma mais eficaz: divulgará em suas redes sociais o descaso e desrespeito que a marca lhe impôs como consumidor. Sem consumidores e clientes, esse lojista perderá cada vez mais espaço no mercado e finalmente não terá mais para quem vender. Restará a ele apenas fechar definitivamente as portas e ingressar nas estatísticas do Sebrae como mais uma empresa fechada neste país.

Vender é uma arte. Se, como empreendedor, você não consegue vender seus produtos ou serviços, não sobreviverá mesmo que seus produtos sejam excepcionais e superiores aos similares do mercado. Fui entrevistado recentemente pela revista Pequenas Empresas Grandes Negócios e uma das perguntas foi essa: o que não pode faltar numa empresa? Minha resposta imediata foi: "Vendas! Vendas! Vendas!" Foi isso mesmo, repeti três vezes, que é para o interlocutor lembrar sempre desse conceito essencial para o sucesso empresarial. A principal razão da existência de sua empresa é vender. Se não houver vendas, seu negócio fechará as portas.

Com frequência jornalistas me perguntam o seguinte: "Carlos, você se considera mais um gestor ou mais um vendedor?" Certamente sou mais vendedor do que gestor. Foi por esse motivo que, ao abrir a primeira escola de inglês em Mogi Guaçu, nunca acreditei que bastaria colocar uma faixa na frente de casa anunciando aulas de inglês e esperar que uma enorme fila de clientes se formasse na porta no dia seguinte. Eu precisava fazer acontecer. Conforme citei anteriormente, por essa razão visitei incansavelmente cidades no interior de São Paulo, com o apoio do meu pai, para convidar outros professores a utilizarem minha metodologia. Também cuidei para atender cada aluno em potencial com a maior atenção possível. Amigo leitor, se você quiser que o seu produto ou serviço venda e ganhe escala, só há um caminho: criar um modelo comercial capaz de tirar sua equipe da zona de conforto e fazer com que ela vá ao encontro dos seus clientes não importa onde estiverem. Eles podem estar na rua ao lado da sede da sua empresa, no seu bairro, em outra cidade ou estado, em outro país ou no mundo virtual. Não importa. Você precisa se aproximar de cada um deles e vender, vender, vender.

# O NÃO FAZ PARTE DO SIM!

O primeiro passo para mudar o modelo comercial de sua empresa é ter consciência da necessidade da formação de uma equipe de vendas competente e ativa. Um bom vendedor sabe fazer rapidamente a leitura do produto ou serviço que tem para vender e sabe como oferecê-lo ao público certo. Sou um leitor apaixonado e atento. Costumo colecionar exemplos de histórias que me inspiram e me tornam um empreendedor melhor. Cito com frequência uma história que li sobre um rapaz que não tinha formação acadêmica ou profissão definida e não possuía nenhuma perspectiva profissional. Como estava desempregado, resolveu aceitar o convite de um amigo para se candidatar a uma vaga de vendas de seguros. Participou do processo seletivo, foi aprovado e passou por um treinamento para conhecer mais sobre o produto que ofereceria aos futuros clientes. Terminado o treinamento, o rapaz pegou sua pasta e saiu em busca de clientes. Na primeira semana não vendeu nada. Na segunda, conseguiu vender uma apólice. Na terceira semana, nenhuma venda novamente. Na quarta semana, conseguiu emplacar uma venda. O desempenho no mês foi sofrível e o salário recebido no final do mês, irrisório.

Para não voltar ao mundo do desemprego, partiu para o segundo mês na tentativa de melhorar seu resultado. Puro engano. O resultado foi o mesmo: duas apólices de seguros vendidas ao longo do mês e mais uma vez um salário baixo que mal dava para pagar as contas básicas. Então ele pensou: "Vou tentar mais um mês e se a situação não mudar, vou abandonar esse emprego. Afinal, não sou vendedor, não tenho sorte nas vendas, não tenho esse dom." No terceiro mês, a história se repetiu. Acabou vendendo uma ou duas apólices e nada mais. Cansado de tantas tentativas frustradas, procurou o chefe para dizer que estava desistindo de ser vendedor. Não tinha nascido para aquela atividade. O chefe, no entanto, insistiu para que não desanimasse. Disse que via nele potencial para se tornar um bom profissional da área de vendas. Em seguida o convidou para acompanhar uma palestra do presidente da companhia que visitaria a cidade na semana seguinte. O rapaz aceitou o convite e no dia e horário combinados foi até o auditório para acompanhar a apresentação do principal executivo da companhia. Mais de mil pessoas se espremiam na sala.

Assim que subiu ao palco, o presidente foi aplaudido de pé por todos os presentes. Ele agradeceu a presença de todos e começou a falar com o pessoal. Disse que gostaria inicialmente de dar os parabéns a todos, pois eram excelentes vendedores. O rapaz logo pensou:

- Ele não me conhece. Essas palavras não são para mim, não tenho talento algum para essa área. Em seguida o presidente falou o seguinte para a plateia:

- Agora vou provar como todos aqui indistintamente são bons vendedores. Tem alguém nesse encontro que nunca fez uma venda?

O rapaz olhou para trás e ninguém levantou a mão, nem mesmo ele. O executivo então pediu uma salva de palmas para todos os vendedores do auditório. Até mesmo o rapaz aplaudiu com um certo tom de orgulho por haver feito algumas vendas.

Em seguida o presidente fez essa pergunta:

- Vocês sabem dizer por que algumas pessoas vendem mais e outras vendem menos?

- É exatamente isso o que eu queria saber – disse o rapaz baixinho para si mesmo.

- Cada um de vocês tem um histórico de vendas – continuou o presidente. – Provavelmente não perceberam esse detalhe, mas após um certo número de contatos realizados a venda acontece. Há uma estatística que mostra que cada profissional da área comercial precisa fazer em média 15 contatos para efetuar uma venda. O problema é que, após essa ação bem-sucedida, ele acredita que logo em seguida fará sua próxima venda. E isso não acontece, pois serão necessários outros 15 contatos para que tenha sucesso novamente.

- Nossa, nunca tinha pensado nisso – balbuciou o rapaz para o colega de trabalho ao seu lado.

- Por isso, meus amigos, vocês devem entender que o NÃO faz parte do SIM. Quanto mais "nãos" vocês ouvirem, mais perto do "sim" vocês estarão.

O rapaz ajeitou melhor sua posição na cadeira. Olhava atentamente para o presidente, que continuava sua explicação.

- Portanto, gostaria que, daqui para frente, vocês diariamente anotassem o número de "nãos" que recebem ao longo do dia e das semanas. Podem observar que geralmente após 15 negativas, vocês terão um "sim". Com o tempo perceberão que suas habilidades melhorarão e que irão realizar uma venda após 14 ou 13 ou ainda 12 contatos. Se vocês quiserem aumentar suas vendas, tudo que precisam fazer é ter

**O que não pode faltar numa empresa:
VENDAS, VENDAS, VENDAS.**

a disciplina de acelerar esse processo, ou seja, correr rapidamente atrás dos "nãos".

- É verdade, disse o rapaz a si mesmo, olhando novamente para o colega do lado. Tem gente que recebe cinco "nãos" e desanima. Vai para casa almoçar, depois tenta mais um ou dois contatos e para de trabalhar alegando que o dia não está bom para vender. Mas ainda não fez os 15 contatos.

O presidente prosseguiu em sua argumentação com outra pergunta:

Agora, quero vocês me respondam uma coisa: quem controla o sim é o comprador ou o vendedor?

Em coro os presentes responderam que era o vendedor.

- Exatamente – concordou o executivo. – Você está no comando. Vá atrás dos "nãos" que o sim logo aparecerá. Bom trabalho a todos.

O rapaz saiu da apresentação impressionado com o que vira e ouvira. Em vez de pedir para sair da organização, decidiu seguir a estratégia sugerida pelo presidente já no dia seguinte. No final do mês ele foi o profissional que mais seguros vendeu na sua cidade. Três meses depois se destacou como o melhor vendedor de sua região. Em seguida ficou em primeiro lugar em vendas no semestre em seu estado. E no final do ano subiu ao palco para ser homenageado como o maior vendedor de seguros daquela companhia.

O que foi decisivo para uma mudança tão radical? Em primeiro lugar, o apoio que o chefe lhe deu, impedindo que desistisse de ser um vendedor. Em segundo lugar, as palavras ditas pelo presidente e que lhe deram a motivação necessária. E em terceiro lugar, a mudança do seu modelo mental e sua determinação de aplicar tudo que havia aprendido. Esse relato é ainda mais significativo por se tratar de uma pessoa sem qualquer experiência prévia nessa área.

Agora, observe o comportamento de sua equipe de vendas e transforme essa realidade. Você encontrará também pessoas querendo trabalhar em sua empresa com pouca ou nenhuma experiência em vendas. Antes de dispensá-las, avalie se não pode ajudá-las ensinando esse mesmo modelo mental que aprendi com a leitura de bons livros de vendas. Ofereça motivação e treinamento, forneça as ferramentas necessárias para que possam atingir os objetivos propostos pela empresa. Posso lhe garantir que você se surpreenderá com os resultados.

# FOCO NA SOLUÇÃO, NÃO NO PROBLEMA

Há aproximadamente 20 anos recebi a visita de dois amigos, Azélio Genovese e Francisco Genovese, na época eram os proprietários da maior escola de inglês de Campinas a Michigan. Ambos se orgulhavam da imagem respeitada que conseguiram construir para o seu negócio. A Michigan era considerada a mais importante escola de idiomas da região. Recebi-os em meu escritório com satisfação, pois admirava a paixão deles pela educação e a qualidade que a escola da qual eram donos oferecia aos alunos. Enquanto tomávamos chá e falávamos dos desafios específicos do negócio, o amigo Azélio disse que me admirava por ter criado uma rede com mais de 200 escolas até aquele momento. Ele, ao contrário, tinha aberto sua escola havia muito mais tempo, mas continuava com uma única unidade.

Falei para ele sobre minha paixão pelo sistema de franquias e o quanto era importante ter parceiros fortes para promover a expansão da rede. Meu amigo ficou pensativo por alguns instantes e me confidenciou que já tinha pensado em expandir sua escola pelo sistema de franquias, mas recuou em sua decisão.

"Por que você desistiu?" – perguntei.

"Carlos, toda vez que penso nessa possibilidade acabo recuando porque tenho receio de deixar outras pessoas tocarem o negócio longe dos meus olhos. Elas podem manchar a marca da Michigan, não seguir a metodologia de ensino e comprometer a qualidade do aprendizado."

Aquela era uma preocupação pertinente. Também vivi essa mesma dúvida, mas o modelo de treinamento e acompanhamento que criamos resolveu essa questão. O franqueado tem sua equipe própria, mas eu assumo a responsabilidade de oferecer aos seus funcionários a capacitação necessária para garantir o sucesso da operação. Foi assim que criei mecanismos e ferramentas para averiguar se estavam respeitando a metodologia e a qualidade de ensino.

Quem quiser expandir precisa seguir esse mesmo caminho. – sugeri.

Quando penso nos riscos envolvidos, fico tão receoso e apavorado, realmente paralisado.

Com toda razão, percebi que meu amigo tinha um zelo excessivo por sua marca. Afinal, a Michigan tinha uma reputação, uma proposta pedagógica eficaz, tradição e imagem excelentes. Mas não conseguia crescer pelo sistema de *franchising* porque o seu gestor tinha um modelo mental baseado em aspectos emocionais negativos. Ele via somente os riscos iminentes diante de si, não conseguia ver os benefícios e o potencial de crescimento de seu negócio. Os empresários optaram por desenvolver uma plataforma digital e mantém algumas unidades da escola Michigan abertas no interior do estado de São Paulo.

Tenho como hábito visitar os franqueados. Entro na loja, procuro meu parceiro e pergunto como estão as vendas. Quero saber quais são suas ideias e dificuldades, se precisa de algum tipo de ajuda, quais produtos vendem mais, quais têm pouca saída e qual o perfil do consumidor daquela unidade. Acompanho tudo de perto e nunca me esqueço de que sou antes de tudo um empreendedor que tem como sua principal estratégia vender, vender e vender. Logo que comprei a rede Mundo Verde, um dos franqueados que visitei contou que estava tentando adquirir uma nova franquia já fazia algum tempo, mas que não conseguia ter uma resposta rápida do meu pessoal de expansão. Achei aquilo estranho, pois estávamos deixando de vender, o que era um absurdo. Saí da loja imaginando que o problema talvez fosse outro. O franqueado devia ter alguma pendência no sistema ou não participava dos treinamentos ou das campanhas promocionais. Sabendo como sou focado em resultados, meu pessoal devia ter uma boa razão para não vender mais uma franquia àquele cliente.

Chegando ao escritório fui logo consultando a equipe de expansão para saber o que estava acontecendo. O franqueado estava com algum tipo de problema? Devia muito para a matriz? Qual era a razão para não vender outra franquia a ele? Para minha surpresa disseram justamente o contrário: trata-se de um ótimo cliente, paga todas as contas em dia, não tem nenhuma pendência no sistema.

- Então o que acontece?

Sr. Carlos, há uma explicação. Nós temos uma relação de 30 pré-requisitos que o candidato a uma franquia precisa atender. O processo inclui cadastramento da pessoa interessada no site, envio de documentação para avaliação, apresentação de possíveis pontos comerciais para análise, pré-aprovação na prefeitura do projeto arquitetônico do imóvel. O 29° item da lista é a assinatura do contrato e o 30° é o pagamento da taxa de franquia.

Pessoal, – respondi, eu não sei quem inventou esse formulário e desde quando está sendo utilizado. Mas a partir de hoje nós vamos inverter a ordem do questionário. Vamos começar de trás para frente. O candidato qualificado interessado numa nova franquia em primeiro lugar paga a taxa de franquia, depois assinamos o contrato e em seguida iremos cuidar dos detalhes operacionais."

Resultado: nos 30 dias após esta alteração, vendemos 25 novas franquias. A maioria era de membros da rede, bem situados, com ótimo desempenho que queriam expandir seus negócios, mas estavam travados pela burocracia do processo. Assumimos a rede com 250 lojas no Brasil e após dois anos chegamos a 400 lojas. Nossa expectativa é chegar a 600 lojas até 2018, alcançando um faturamento de 1 bilhão de reais.

# OUSE FAZER DIFERENTE

Gosto de contar a história de uma jovem que se casou com um rapaz que adorava saborear um prato de arroz, feijão, batatas fritas e um bife ao ponto. Tudo bem temperadinho, diga-se de passagem. Ao menos uma vez por semana, ela caprichava nesse cardápio. O marido ficava muito feliz com o carinho da mulher de cozinhar com tanto capricho para ele. Mas uma coisa o intrigava. Todas as vezes em que ela ia fritar o bife, cortava-o pela metade e colocava duas metades no prato em vez de servir o bife inteiro. Depois de ver essa cena se repetir inúmeras vezes, decidiu questioná-la: por que cortava sempre o bife pela metade? A mulher sorriu e explicou que era um hábito antigo da família. Sua mãe tinha ensinado assim.

A mãe da jovem foi visitá-los algumas semanas depois. O rapaz aproveitou a ocasião e perguntou mais uma vez por que ela e a filha tinham o hábito de cortar o bife pela metade. A sogra respondeu que aprendera com a mãe a preparar o bife daquela maneira. Frustrado, o rapaz decidiu esperar a oportunidade para questionar a avó de sua mulher. Mais algumas semanas e o encontro aconteceu. Depois de conversar sobre assuntos do cotidiano, ele fez a pergunta: por que o hábito de cortar o bife pela metade na hora de fritá-lo? E por que sua filha e neta faziam a mesma coisa? Ela achou graça na pergunta e finalmente esclareceu. Um dos presentes que ganhou em seu casamento, muito tempo atrás, fora uma frigideira pequena. Os bifes simplesmente não cabiam e era preciso cortá-los pela metade. O hábito se consolidou na família e a filha e a neta mantinham a tradição, mesmo tendo em casa frigideiras maiores. Nunca "ousaram" fazer diferente. Nunca quebraram esse paradigma. A história é banal e parece infantil demais, mas tem muito empreendedor comandando seus negócios com esse mesmo modelo mental.

Toda empresa é o reflexo direto da mente de quem a dirige. Se você é um ótimo contador, a contabilidade da organização será uma maravilha. Talvez a empresa não seja muito lucrativa, mas a contabilidade estará em dia. Já se for um apaixonado por recursos humanos, o foco será o bem-estar dos funcionários. Você se preocupará em tratá-los com carinho e oferecer um ambiente de trabalho excepcional, onde todos poderão ser amigos e ajudar uns aos outros na realização do trabalho. Talvez a empresa nunca alcance a liderança em seu setor, mas todos os funcionários estarão muito satisfeitos. Se você for *expert* na área técnica, seu sistema será plenamente integrado e terá qualquer informação necessária apenas com o toque de uma tecla em seu computador. Se você está pensando em empreender, você precisa entender o seguinte: ou você pessoalmente assume o setor comercial ou contrata o melhor profissional de mercado para assumir essa área. Sua empresa somente sobreviverá, se tiver foco em vendas. Se vendas não for a sua praia, respeite o seu perfil, mas tenha em mente que precisará criar um modelo comercial que permita ter pessoas voltadas para estimular permanentemente as vendas.

Uma das minhas maiores preocupações como empreendedor é contar com franqueados que tenham garra, desejo, potencial e a visão de explorar o mercado ao máximo. Para conseguir esta sincronicidade de objetivos, só há um caminho: é necessário desenvolver um modelo comercial que possa ser replicado. Mas não basta ter o modelo em mãos, para alcançar grandes resultados, você precisara investir na qualificação das equipes. Se a principal atividade de uma empresa for vender, vender e vender, a única forma de ter uma equipe de alta performance é treinar, treinar e treinar. Enquanto sua empresa existir, você terá de investir em treinamentos que mantenham seu pessoal preparado e com a motivação em seu nível máximo.

Para funcionar de maneira eficiente, seu modelo de vendas não pode ser complexo demais, pois haverá o risco de poucas pessoas o compreenderem e cada um começar a prospectar vendas à sua maneira. Procure apresentá-lo numa sequência lógica e didática, assim todos adotarão a mesma base de exposição e argumentação de venda dos produtos ou serviços. Lembre-se: aquilo que para você é algo simples, natural e básico, para os demais pode ser de difícil compreensão e aplicabilidade. A criação de um passo a passo para a área comercial é fundamental.

Percebi isso quando comecei a lecionar inglês e apresentei aos meus professores a sequência das 100 frases por aula que o aluno deveria praticar. As sentenças surgiam naturalmente em minha mente enquanto ensinava. Não tinha me preocupado em estruturá-las, pois pareciam óbvias para mim. Quando os professores me pediram para escrevê-las na mesma sequência lógica que eu usava nas aulas, percebi que para eles aquilo não era tão óbvio assim. Ao terminar a relação de 100 frases para cada aula, descobri que aquele método era a alma do meu negócio. E o fato de tê-lo estruturado de forma didática permitiria que fosse replicado pelos professores. Eu não precisava, portanto, estar ao lado de cada um deles cuidando para que agissem da mesma forma. Bastava seguir a sequência de frases predefinidas. Portanto, para o crescimento de seu negócio é importante que você procure avaliar o que pode ser padronizado, sistematizado, e escrito num manual para que sua equipe possa seguir religiosamente.

Os meus negócios têm sempre dois vetores de crescimento. O primeiro é a capacidade de atingir o mercado em larga escala por meio de uma rede de parceiros comerciais que atendem o cliente final. O segundo vetor é o suporte dado para ajudar os franqueados a venderem mais na região onde atuam. Agora, pense por um instante quais são os vetores de crescimento do seu negócio.

Outro fator determinante para vender, vender e vender é não limitar o seu negócio a um único produto. Se você vende sapatos, por exemplo, sabe que o consumidor que comprar um par hoje vai demorar a voltar para uma nova compra. É preciso diversificar, ter uma variedade de produtos. Se além do sapato sua loja oferecer acessórios como meias, cintos, produtos para limpeza do couro, entre outros, as chances de aumentar a venda para o mesmo consumidor são maiores.

Quando comecei o projeto de dar aulas de inglês, meu foco era atender o aluno adulto que precisava aprender inglês rapidamente para aplicá-lo no trabalho. Uma vez atendida essa necessidade, eles iam embora e não voltavam mais. Depois de avaliar essa peculiaridade de meu negócio, concluí que precisava atender uma clientela mais diversificada. Foi assim que passamos a dar aulas para crianças e adolescentes. Havia também pessoas que já falavam inglês razoavelmente, mas precisavam aprimorar seus conhecimentos para fazer uma apresentação para a direção da companhia no exterior, ou então realizar uma viagem de negócios ou frequentar um curso fora do país. Desenvolvi material pedagógico para atender a essa necessidade do consumidor. Mais tarde, passamos a oferecer aulas em diversos idiomas, inclusive o mandarim, que é minha paixão. Ao todo tínhamos 50 modalidades de cursos para oferecer, entre elas inglês para deficientes visuais com todo o material em braile. Caro leitor, reflita como você pode criar para o seu negócio uma variedade de produtos para atender públicos distintos e assim bater recordes de vendas.

● ● ●

A população brasileira está cada vez mais consciente da necessidade de fazer uma reeducação alimentar na busca de saúde e qualidade de vida. Por isso, é normal o consumidor, diante de uma prateleira de supermercado na sessão de produtos naturais, procurar o melhor produto para comprar. Diante dessa realidade, resolvemos fazer a seguinte experiência. Com o auxílio de uma câmera oculta filmamos o comportamento do consumidor no momento de escolha de um produto. Percebemos rapidamente que os consumidores vão ao supermercado olham os produtos nas prateleiras, pegam uma embalagem nas mãos, leem o rótulo, recolocam o produto na prateleira, pegam outro e, por fim, muitas vezes acabam indo embora sem comprar nada. Mas por que isso acontece? Tenho como hábito me colocar no lugar do consumidor para tentar entender sua maneira de pensar, agir e consumir. Eu me perguntei: por que esses clientes não compraram nada mesmo olhando vários produtos? Depois de refletir bastante, a resposta veio clara em minha mente: faltaram informações sobre o produto e seus benefícios. Imediatamente pensei que cada loja da rede Mundo Verde deveria ter uma nutricionista! O consumidor quer encontrar uma profissional que conheça os produtos, possa detalhar as especificações de cada um deles e seus benefícios e recomendar a compra deste ou daquele item dependendo do seu perfil e das recomendações médicas. Desde então, toda loja Mundo Verde conta com uma profissional que conhece profundamente cada item das prateleiras e também tem a habilidade de orientar o cliente. Os consumidores entram nas lojas, são prontamente atendidos pela nutricionista, tiram suas dúvidas e colocam vários produtos na cesta. Esta foi uma quebra de paradigma. Observe atentamente o seu negócio e procure se perguntar quais paradigmas você pode quebrar para alavancar as vendas, aumentar seu faturamento e rentabilidade.

# NÃO DEIXE NADA IMPEDI-LO DE VENDER

Em outra ocasião, conversando com um grande empreendedor, perguntei como estavam as vendas dele. Ele respondeu que permaneciam praticamente paralisadas.

– Você deve estar brincando! – disse eu assustado. – Como pode parar de vender?

– Sabe, Carlos, descobri que algumas pessoas de minha confiança na empresa estavam sendo desonestas comigo. Elas me roubavam recebendo bola dos fornecedores, faziam contratos furados, deixavam fornecedores pegarem nosso dinheiro para depois repassar o valor para eles. Um absurdo.

– O que você está fazendo para resolver o problema?

– Decidi parar praticamente nossa expansão neste momento para colocar a casa em ordem, contratar profissionais competentes e honestos, avaliar nossa contabilidade. Não quero mais surpresas na área financeira.

– E as vendas?

– Como lhe falei, estão paradas. Resolvi dar um tempo para fazer esses ajustes. Há uma lista de espera de clientes querendo nossos produtos. Expliquei que agora não poderão ser atendidos, mas que no próximo ano eles serão minha prioridade.

– Você está maluco. Não pode parar de vender!

– Não consigo. Tenho esses problemas para resolver primeiro.

– Não há nada que o impeça de colocar a casa em ordem e ao mesmo tempo vender - enfatizei. - Você está deixando de conquistar mercado, ganhar dinheiro e correndo o risco de seus clientes irem para a concorrência. Você tem um problema grande nas mãos, é verdade. Mas o empreendedor vive para resolver problemas. Arrume a casa e continue vendendo.

Diante de uma crise qualquer, dentro da sua empresa ou do mercado, a pior coisa que você pode fazer é paralisar sua área comercial. Mesmo que tenha que se desdobrar para dar conta de tudo, mantenha o foco naquilo que vai fazer você alcançar seus objetivos financeiros.

# SEGREDO DO SUCESSO: DELEGAR E ACOMPANHAR

Mantenho uma rotina de reuniões semanais com meus filhos, Charles e Lincoln. Nesses encontros avaliamos aquilo que foi realizado e o que ainda precisa ser feito. Checamos as metas, analisamos quais as próximas ações, debatemos se é necessário ou não contratar mais talentos ou investir em alguma tecnologia que nos ajudará de alguma maneira a ganhar mais agilidade ou competitividade. Nem todos os empreendedores gostam de fazer *follow up* com suas equipes, mas é algo extremamente necessário, pois permite que você faça correções e ajustes de rota.

Você como empreendedor deve estar 100% focado naquilo que é estratégico para o sucesso do seu negócio. Todas as demais responsabilidades devem ser delegadas, caso contrário, você se envolverá em atividades secundárias que terão pouco ou nenhum impacto no resultado financeiro de sua empresa. Ao longo dos anos forneci milhões e milhões de livros para escolas em todo o país. Muitos estranhavam o fato de eu não ter uma gráfica própria, o que na opinião deles possibilitaria uma importante economia, uma vez que não teria que me submeter aos preços cobrados pelas empresas que prestavam esse serviço. Jamais tive uma gráfica pois não era a minha atividade-fim. Cuidar de uma empresa que pouco ou nada tinha a ver com educação desviaria a minha atenção daquilo que era mais importante. Teria também que contratar funcionários, alugar galpões para armazenamento de papel, comprar maquinário importado, fazer a manutenção desses equipamentos. Sempre achei mais vantajoso manter essas atividades terceirizadas. Minha preocupação se limitava apenas a procurar os principais fornecedores de materiais no Brasil e no exterior e negociar as melhores condições de produção, qualidade, prazos e preços. Meus fornecedores entregavam o material com o padrão de qualidade exigido e a distribuição era feita em seguida. Dessa maneira, eu podia me dedicar ao que realmente interessava, que era vender, vender, vender e atender meu cliente com prontidão, excelência e alegria.

Não estou falando nada revolucionário. Trata-se de uma prática comum no mercado. Dois bons exemplos são as marcas de material esportivo Topper e Rainha, que fazem parte de meu portfólio atual de empresas. Nenhuma delas tem fábricas próprias. Toda a produção é feita por indústrias localizadas no Brasil ou no exterior. É claro que as duas companhias têm um rigoroso controle de qualidade feito por uma equipe especializada. Meus executivos se dedicam a questões mais importantes como a administração das marcas, da imagem da companhia, do visual dos pontos de vendas e dos clientes. Você já parou para pensar quanto tempo vem gastando em atividades secundárias em vez de se dedicar àquilo que vai fazer com que seu negócio se torne milionário ou bilionário? Faça uma análise sincera. Se achar que está administrando mal o seu tempo, mude rapidamente o comportamento e concentre 100% das energias naquilo que realmente importa e fará a diferença em seu negócio.

# VALE A PENA ROMPER FRONTEIRAS?

Uma pergunta que sempre me fazem é: "Quando se deve expandir o negócio para o exterior? Qual o momento certo?" Você talvez possa chegar à conclusão, no entanto, de que o melhor é atuar exclusivamente no Brasil, limitar suas atividades ao mercado interno. Não há nada de errado nisso. Certa vez, conversando com um importante executivo do setor de cosméticos, falei sobre meu objetivo de levar os negócios para outros países. Percebi que ele não se mostrou muito entusiasmado e perguntei a razão. Ele foi sincero e transparente. "Carlos, tentamos abrir lojas no exterior em várias oportunidades, mas uma série de regras internacionais e restrições que deixam qualquer um maluco me fizeram rever essa posição. Minha equipe vivia envolvida com problemas burocráticos nas alfândegas, oscilações cambiais, regras internacionais. Percebi que era mais vantajoso abrir uma nova loja no Nordeste do que em Dubai." Ele estava certo. Por que investir em países distantes se é possível vender e ganhar dinheiro aqui mesmo? Portanto, amigo leitor, nem sempre romper as fronteiras e tentar conquistar o mercado global é a solução. O nosso Brasil é um país continental e, em alguns casos, vender dentro de nosso próprio território pode ser o melhor negócio a ser feito. Pense nisso.

● ● ●

# GESTÃO, ESTRATÉGIA E SUCESSO

Em 2016, fui convidado para participar do programa Shark Tank Brasil, promovido pelo canal Sony. Nele, um grupo de investidores avalia as ideias e propostas de potenciais empreendedores e decide se as aprova, e se está disposto a fazer algum investimento para ajudá-los a tornar seus projetos realidade. Passei a ser cumprimentado por pessoas em *shoppings*, aeroportos e restaurantes como se fosse amigo pessoal delas.

A minha trajetória chama a atenção devido ao sucesso empresarial que alcancei, especialmente por ter começado do zero, sem ter herdado grande fortuna. Por isso, sou constantemente convidado a fazer palestras, conceder entrevistas, participar de congressos e seminários no Brasil e no exterior. Tenho livros publicados que foram lidos por milhares de leitores em vários países da América Latina, Estados Unidos, Europa e China. Em sua maioria, são os jovens empreendedores que mais se identificam com os conceitos que apresento. Querem saber detalhes sobre minha vida, como superei as dificuldades, quais estratégias adoto no comando dos meus negócios. De uma hora para outra eu me tornei referência para o mundo corporativo. Foi com grande satisfação que recebi o prêmio Brasileiro do Ano, conferido pela Editora Três, que publica a revista IstoÉ Dinheiro. Essa premiação significa uma grande responsabilidade e, por isso mesmo, procuro atender todos aqueles que me procuram pessoalmente. Assumi como missão pessoal ajudar quem sonha em ter um empreendimento próprio de sucesso.

Esse, contudo, é o lado visível do meu trabalho. O dia a dia é bem diferente. A gestão dos negócios exige de mim disciplina e o cumprimento de uma rotina que nem todos estão dispostos a seguir. Semanalmente, tenho reuniões agendadas, acompanho os indicadores de desempenho das minhas empresas, atendo fornecedores, visito as lojas dos franqueados, avalio a performance da equipe, cobro (geralmente por email) maior empenho da parte de todos, descubro falhas que não poderiam ter sido cometidas, busco profissionais altamente qualificados no mercado para fazerem parte do meu time, incentivo todos a alcançar seu potencial, desligo aqueles que não demonstram comprometimento ou disposição em alcançar os objetivos da empresa. A vida do empreendedor exige não só grande capacidade intelectual, mas também muita transpiração e equilíbrio emocional.

Para não sucumbir a essa maratona e perder o foco naquelas ações que são estratégicas para o sucesso do negócio, criei uma relação de conceitos que procuro aplicar na gestão de todas as empresas que comando. São conceitos e hábitos, comportamentos e atitudes que procuro seguir e que me ajudam a administrar o tempo de forma eficiente. De vez em quando, surgem imprevistos que exigem minha intervenção imediata e me desviam dessa rotina, mas tão logo soluciono esses problemas, volto a segui-la.

Vou compartilhar agora com você alguns conceitos que uso no meu dia a dia à frente das empresas e espero que possam lhe ser úteis também. Procure segui-los e prepare-se para colher grandes resultados.

## Líderes fazem mais com menos.

## CORTE PELA METADE O NÚMERO DE REUNIÕES

Em primeiro lugar, quero confidenciar algo: se eu fosse atender a todos os pedidos de reuniões que recebo diariamente, não faria mais nada a não ser atuar como aqueles médicos de plantão que ficam no pronto-socorro de um grande hospital e que têm apenas cinco minutos para cuidar de cada paciente. Por essa razão, em vez de aceitar um convite para reunião com um fornecedor ou uma pessoa interessada em apresentar um projeto maravilhoso de negócio, peço com antecedência que me envie uma proposta resumida por email. Curiosamente, cerca de um terço dessas propostas nunca chegam. Imagine o tempo que estaria desperdiçando, se não tomasse esse cuidado, não é mesmo?

## CORTE O TEMPO DAS REUNIÕES PELA METADE

Geralmente, participo das reuniões que eu agendo, e não das reuniões que outros solicitam. Além disso, procuro fazer reuniões curtas, com duração média de meia hora e com limite máximo de uma hora. Não importa se o assunto ainda não foi solucionado. Peço licença e me levanto para o próximo compromisso que tenho na agenda. Algumas pessoas acham isso uma excentricidade. A verdade é que valorizo o meu tempo. Meia hora – ou uma hora no máximo – é tempo suficiente para qualquer reunião. Se, ao final dos 60 minutos, não chegamos a uma solução, é porque não soubemos conduzir a conversa. Perdemos tempo falando no início da reunião sobre assuntos genéricos como o desempenho do time de coração no final de semana, a previsão do tempo para aquele dia, o que cada um fez no feriado. É mais fácil caminhar pela rota do insucesso do que pela rota do sucesso, pois a segunda exige disciplina. Não me importo em marcar uma nova reunião para retomar um determinado tema, mas meus interlocutores entendem rapidamente que a cada encontro comigo terão entre meia hora e no máximo uma hora. Algumas pessoas que trabalham ao meu lado estranharam essa postura no começo, mas hoje a respeitam e até adotam a mesma atitude. E mais uma consideração importante que você deve fazer é: essa reunião irá me ajudar a ganhar dinheiro ou gastar dinheiro? Assim será mais fácil você decidir quanto tempo irá despender na reunião proposta.

## DIRECIONE OS ASSUNTOS À PESSOA ENCARREGADA

Quando enfim recebo um email com a proposta de um fornecedor ou de alguém interessado numa parceria, em vez de atender pessoalmente, imediatamente informo o CEO responsável pela empresa com atuação naquela área específica. Hoje estou plenamente consciente de que somente assumirei alguma parceria quando o CEO da empresa estiver 100% de acordo. Antes, quando conduzia minha rede de escolas de inglês, eu tinha a sensação de que eu era "o chefão todo-poderoso". Se eu acordasse pela manhã e enviasse um email à rede dizendo que tive a inspiração que nossas escolas não devem mais ser na cor azul e sim na cor rosa, ninguém iria questionar minha orientação. Os parceiros franqueados confiavam tanto em mim que provavelmente acreditavam mesmo que eu era uma espécie de visionário. "Vamos pintar as escolas de cor de rosa. Deve ser alguma tendência global."

Hoje em dia, esse cenário não existe mais. Por mais inspirada e inovadora que a estratégia seja, é fundamental apresentá-la e discuti-la com a equipe, obter o apoio de todos e só então partir para a implantação.

## AJUDE SUA EQUIPE A ESTABELECER PRIORIDADES

A maioria das pessoas não tem uma clara noção do que são prioridades e metas. Passam dias, semanas e meses trabalhando duro, mas não exatamente naquelas atividades que vão fazer com que a empresa alcance seus objetivos financeiros. Um de seus papéis como empreendedor é justamente definir quais são as prioridades do seu pessoal e os prazos viáveis de entrega. Metas impossíveis de serem alcançadas e prazos irreais desmotivam a equipe. São um tiro no pé. Portanto, seja criterioso. É muito fácil o profissional se perder no meio da rotina diária sufocante e deixar de cuidar daquilo que é necessário, importante e prioritário. Devem existir até mesmo prioridades entre as metas de cada pessoa. Se você tem cinco metas importantes, quais são aquelas que vêm em primeiro, segundo, terceiro, quarto e quinto lugares? Dessa forma, o funcionário vai pouco a pouco construindo a estrada que o levará a atingir 100% dos seus objetivos individuais e assim dar sua contribuição para que a organização chegue mais próximo de suas metas. Cada colaborador deve ter isso bem claro e definido em sua mente. Reúna com frequência a equipe para rever as metas individuais e coletivas.

## NEGOCIE O PRAZO DE ENTREGA DAS TAREFAS DE SUA EQUIPE

Toda vez que peço um determinado trabalho para alguém da minha equipe, costumo perguntar quanto tempo a pessoa levará para concluí-lo. A resposta é quase sempre um prazo que, na minha avaliação, poderia ser bem menor. Se o funcionário promete terminar tudo em 30 dias, pergunto o que ele precisa para entregá-lo em 15 dias. Ele normalmente me olha assustado, mas eu insisto: "O que é necessário para fazer tudo em 15 dias? Mais pessoas envolvidas? Mais recursos? Menos interrupções do chefe direto? Uma sala fechada para garantir silêncio e privacidade?" O colaborador dá sua explicação e eu procuro oferecer todas as condições necessárias para que ele possa concluir o trabalho na metade do tempo. E, praticamente todas as vezes, ele consegue realizar a tarefa num prazo menor do que ele imaginava inicialmente. As pessoas tendem a pedir mais tempo do que o necessário para ter uma margem de segurança, mas nem sempre é possível esperar. Os negócios têm a sua dinâmica própria. Por essa razão é preciso acelerar os processos oferecendo tudo aquilo que for necessário para que as coisas sejam feitas em prazos menores. Faça o teste. Você vai se surpreender com os resultados desse modelo de gestão do tempo do seu pessoal.

## CRIE FATORES EMOCIONAIS EM SEU MODELO DE GESTÃO

Como empreendedor, você não pode estimular sua equipe apenas oferecendo bons salários, bônus e participação nos lucros e resultados. Os funcionários são motivados pelo salário, mas especialmente por oportunidade de crescimento na empresa e valorização pessoal. Os elementos emocionais contribuem para gerar maior comprometimento do seu pessoal. Isso vale para qualquer nível hierárquico, do mais alto executivo do seu time àquele colaborador que está na base da hierarquia. Costumo quebrar a rotina com o meu grupo de executivos. Retiro o pessoal do ambiente corporativo uma vez por ano. Eu os levo para uma chácara que oferece muito conforto e passamos o dia todo não somente analisando o desempenho da empresa, identificando oportunidades e sonhando com um futuro ainda mais abastado, mas também para falar da vida, descansar e nos confraternizar com sorteios de prêmios e uma boa festa de reconhecimento pelo bom trabalho realizado. Sair do ambiente de trabalho de vez em quando cria um fator emocional muito positivo.

## PROMOVA O ESPÍRITO DE COMPETIÇÃO ENTRE OS COLABORADORES

Converso muito com outros empresários bem-sucedidos. Gosto muito desse diálogo porque posso trocar ideias, compartilhar problemas, perguntar se alguém já enfrentou situação parecida com a que estou lidando no momento e qual solução encontrou. Aprendo sempre alguma coisa que aplico nos meus negócios. Também retribuo relatando minhas experiências. É uma troca rica de informações e conhecimentos. Numa dessas conversas, um empresário me confidenciou que avisava os funcionários da equipe comercial que iria fazer cortes na equipe comercial de três em três meses. Ele avisava a todos os objetivos a serem alcançados. De três em três meses quem não tivesse atingido a meta, estava fora.

- Você está maluco? – questionei. – Que método de motivação é esse? Como os funcionários podem trabalhar tranquilos e satisfeitos diante de uma ameaça dessas?

- Carlos – disse ele –, eu tenho uma equipe comercial com 10 vendedores com metas claras e bem definidas. Eles sabem que é preciso vender para que a empresa continue crescendo.

- Nisso nós concordamos. Vender é fundamental. É o que eu digo sempre também para a minha equipe comercial.

- Mas você deve ter profissionais que superam as metas e outros não. Por que alguns conseguem e outros ficam abaixo da expectativa?

- Provavelmente por falta de talento e de empenho ou por não conhecerem as necessidades de seus clientes para atendê-los e satisfazer suas necessidades.

- Exatamente. Se eles não têm o talento necessário e não se preocupam com os clientes, por que mantê-los no time?

Meu amigo tinha razão. É um raciocínio lógico, perfeito. Não faz o menor sentido manter um funcionário com baixo desempenho. Ele prosseguiu em sua argumentação:

- Ao anunciar essa regra bem transparente no ato da contratação, ninguém era pego de surpresa. Deixo claro que serão desligados aqueles que ficarem abaixo da meta mínima. Então estabeleço uma competição entre os vendedores. A partir daquele momento, cada um deles luta de maneira redobrada para vender mais do que o outro. No final dos três meses, quem não bateu a meta é automaticamente desligado. Não é uma regra injusta. Ao contrário: é justíssima - completou meu amigo.

Meus colaboradores sabem que quero ter no meu time somente profissionais de alta performance. Acompanho os indicadores de vendas e todos aqueles que superam as metas são bonificados, reconhecidos, valorizados. Quem não atinge os objetivos sabe que está numa posição vulnerável na equipe. Sempre dou mais uma chance a todos. Além disso, também ofereço treinamentos que ajudarão cada um deles no seu dia a dia. Depois disso, se não houver resultado, não dá mais para ser complacente com baixo desempenho. Se você é focado em resultado, aqueles que estão ao seu lado também precisam ser.

Tenho duas assistentes que me ajudam há vários anos. Numa de minhas viagens aos Estados Unidos, pedi a uma delas para que fizesse a reserva de um carro para eu poder me locomover por lá. Duas semanas depois ela ainda não tinha me enviado a reserva. Enviei um email a outra assistente, com cópia para a primeira, pedindo que fizesse a reserva. Em menos de uma hora eu estava com a reserva em meu celular. É claro que a primeira assistente ficou preocupada por não ter atendido às minhas expectativas. Da próxima vez, vai dar o seu melhor para corresponder. Assim, estabeleço uma competição saudável entre as duas assistentes, pois nenhuma delas vai querer ficar numa situação de vulnerabilidade diante da outra e de desconforto perante o chefe.

## AUMENTE SUA BASE DE CLIENTES

Há empreendedores que sonham em ter um determinado número de clientes e que, ao alcançá-lo, pisam no freio. Reduzem o ritmo. Desaceleram. Afinal, acreditam que esse número mágico lhes dará a tão sonhada segurança e estabilidade. Agora nada mais poderá afetá-los. Não acredite nisso. Quem se acomoda é rapidamente ultrapassado pelos seus concorrentes, perde participação no mercado e reduz suas chances de uma retomada. Não importa o sucesso que você tenha alcançado, nunca se contente com o número de clientes que tem. Busque sempre mais.

## DEFINA INDICADORES FINANCEIROS

Sua empresa está indo bem? Os resultados financeiros obtidos até o momento garantem sua estabilidade? Você só responderá corretamente a essas duas questões se tiver definido indicadores que comprovem que está caminhando a passos seguros para o cumprimento de suas metas financeiras. Sem indicadores não há como fazer essa avaliação. Portanto, crie um sistema com indicadores claramente definidos. Assim você não precisará confiar somente no discurso de seus colaboradores. Os números falam por si mesmos e demonstram com fidelidade a estabilidade ou não do seu negócio.

## DEFINA SE VALE A PENA TER UM SÓCIO

Em minha opinião, você só deve buscar um sócio em duas situações bem específicas. A primeira é se você não tem dinheiro para levar sozinho o seu projeto avante. A segunda é não possuir experiência e nem o *know-how* necessário para tocar o negócio. Se você tem o dinheiro necessário e conhece bem o seu negócio, esqueça essa possibilidade e siga em frente em voo solo. Na hora de acertar a participação de um sócio, no entanto, lembre-se de que precisa definir uma porta de entrada e outra de saída. Sociedade é uma relação comercial e não um casamento eterno. Pode durar muito tempo, anos ou décadas, mas pode chegar ao seu fim após um ou dois anos de atividade. Por essa razão, é preciso tomar as devidas precauções para eliminar qualquer possibilidade de desconforto emocional na hora da separação. A ruptura pode acontecer a qualquer momento. Atualmente, além de meus filhos e filhas, tenho outros sócios em algumas de minhas empresas. Faço questão de ser o sócio majoritário e cada um de meus sócios tem sua participação nos negócios, acompanhados de responsabilidades definidas.

## CONTRATE PESSOAS COM POTENCIAL PARA APRENDER E SE DESENVOLVER

Os brasileiros vivem historicamente o drama do desemprego. Há momentos em que o número de desempregados diminui, mas nunca chega a um patamar considerado razoável. É um desafio que acompanha a história da nossa economia. Curiosamente as empresas têm milhares de vagas abertas, mas não conseguem preenchê-las devido à formação deficiente da maioria dos profissionais. Em alguns casos pode se levar meses pesquisando até encontrar alguém com o perfil adequado para uma determinada posição. Colocar a pessoa certa no lugar certo não é algo simples. Minha dica é contratar pessoas com potencial e capacitá-las por meio de um modelo de educação corporativa consistente e que as prepare para enfrentar os desafios futuros. Tenho como hábito participar das entrevistas com candidatos a cargos elevados na organização. Faço perguntas objetivas que me ajudam a avaliar quem é a pessoa que está sentada à minha frente. Gosto, por exemplo, de propor o seguinte questionamento: "Imagine que esta empresa está nascendo hoje e tem 100 vagas abertas. Qual delas você gostaria de ocupar?" É o tipo que pergunta aberta que mostra qual é o perfil do candidato e o que aquele indivíduo realmente deseja. Se ele responder, por exemplo, que almeja ser o diretor de logística ou o diretor de marketing, ou de qualquer outra área, pergunto em seguida o que ele faria nessa função, caso fosse o contratado. Alguns candidatos respondem que levaria dois ou três meses para conhecer a cultura da organização. Depois se aprofundaria nos meses seguintes nos valores corporativos. Em seguida dedicaria mais alguns meses para compreender os desafios e impasses, e também a se relacionar bem com os colegas. E antes de encerrar a entrevista naquele exato ponto, costumo apresentar uma nova pergunta: "Imagine agora que você já está na empresa há um ano e que será homenageado diante de todos os colaboradores. Por quais realizações gostaria de ser reconhecido?" Com frequência ouço como resposta desses candidatos algo como "gostaria de ser reconhecido como uma pessoa íntegra, dedicada à empresa e com um bom relacionamento com todos os membros da equipe." Portanto, antes mesmo de o candidato ter sido contratado, ele acaba de revelar que após um ano não terá produzido absolutamente nada a favor da empresa. Não terá trazido inovações, redução de custos, aumento de eficiência e rentabilidade para o negócio. Apenas se adaptaria ao novo emprego com muita harmonia. Não há espaço para candidatos com essa mentalidade no mundo corporativo moderno. As organizações precisam de pessoas que já no primeiro dia comecem a mostrar que merecem ficar com a vaga e que farão a diferença nos resultados da empresa.

## TENHA HUMILDADE PARA OUVIR E ACEITAR AQUILO QUE AS PESSOAS TÊM A LHE DIZER

Não sou o dono da verdade e nem conheço as soluções para todos os tipos de problemas que surgem numa organização. É claro que minha experiência conta muito na hora de decidir qual caminho uma empresa deve seguir num determinado momento ou cenário. Mas não seria inteligente desprezar o que aqueles que estão à minha volta e contribuem para os negócios têm a dizer. Conforme já citei neste livro, no início da minha trajetória como empreendedor eu não considerava expandir a empresa por meio de aquisições. Charles e Lincoln me mostraram e me convenceram de que esse era o melhor caminho. E foi assim que crescemos como grupo especializado na área da educação. Eles estavam certos. Se eu tivesse batido o pé e feito prevalecer a minha vontade, provavelmente não teríamos nos tornado gigantes nesse segmento. Nós três não pensamos da mesma forma e não concordamos em tudo o tempo todo. Há discordâncias, mas sempre discutimos e avaliamos o ponto de vista de cada um. Nessas horas o meu papel é ter argumentos concretos que possam convencê-los de que estou certo. Da mesma forma, eles precisam ter argumentos que me mostrem que estão com a razão. Quando não chegamos a um acordo, a decisão é tomada a partir da vontade da maioria. Se os dois apontarem para o norte e eu para o sul, o caminho a ser trilhado será o norte. Tomamos nossas decisões sem muita perda de tempo, pois uma demora prolongada na tomada de decisão pode levar à perda de uma excelente oportunidade de negócios.

## SEJA RECEPTIVO AOS SEUS COLABORADORES

A figura do empreendedor que se fecha em sua sala e mantém pouco ou nenhum contato com seus colaboradores é um grande atraso para a empresa. Cada vez mais os altos executivos estão descobrindo que os funcionários são seus principais aliados na construção de um negócio vitorioso. Eles podem contribuir de várias maneiras, dando ideias que podem mudar processos e produtos e alavancar as vendas. Não quero ao meu lado pessoas que concordem comigo apenas por eu ser o dono da empresa. Prefiro profissionais que me contestem, discordem das minhas ideias, que sugiram caminhos alternativos, que me desafiem a provar que a minha opção é melhor do que a deles. Ter à sua disposição opiniões distintas é algo extremamente rico, pois abre infinitas possibilidades. Alguns anos atrás eu abri uma escola experimental na China. Ao contrário da minha expectativa inicial, não estava conseguindo ter um número satisfatório de alunos. Não entendia os motivos do mau desempenho, até que um dia recebi um email da professora Li Xinyue, coordenadora daquela unidade. Ela apontou todos os problemas que percebia na escola. Agendei inicialmente uma conversa via Skype e conversamos longamente. Ela sugeriu a solução para os inúmeros problemas e gostei do que ouvi. Convidei-a a vir ao Brasil para ser treinada por minha equipe e assim ter mais condições de solucioná-los. Ela aceitou e passou três meses em nossa sede. Ao retornar à China, implantou tudo aquilo que havia aprendido com nossa equipe de gestão. Em pouco tempo os resultados positivos apareceram. Ela é um exemplo de profissional focada na busca de soluções. Não é fácil encontrar profissionais como ela no mercado, mas quando isso acontecer, procure valorizá-los. Mantenha as portas e os ouvidos bem abertos, pois a solução de problemas que se arrastam há anos pode estar dentro de sua própria casa.

## ADOTE O MODELO DA MERITOCRACIA

Acho importante valorizar os talentos internos da empresa. Por essa razão, sempre que surge uma oportunidade, procuro oferecê-la primeiro a alguém da própria casa. Só vou ao mercado para contratar alguém quando não encontro ninguém internamente com o perfil e as qualificações exigidas para assumir a posição. Contratar pessoas que estão empregadas e de alta performance não é fácil. Para convencê-las a deixar o emprego atual, você precisa acenar com uma série de vantagens como um salário mais atrativo, bônus maiores do que os que recebem atualmente, um pacote generoso de benefícios, bom ambiente de trabalho, oportunidades de crescimento na carreira e desafios que as motivem a dar o seu melhor. Quando elas aceitam o convite para mudar de emprego e correspondem às expectativas com um excelente desempenho, todos ficam satisfeitos. A meritocracia não só é uma forma de motivar aqueles talentos que são diferenciados. É também uma ótima ferramenta de retenção. Tão importante quanto atrair os melhores talentos do mercado é retê-los para que continuem ao seu lado apresentando uma performance excelente.

## LIVRE-SE DAS PESSOAS COM BAIXO DESEMPENHO

Esse é o outro lado da moeda chamada meritocracia. Da mesma forma que você precisa reter seus melhores talentos, deve afastar aqueles com desempenho aquém do desejado. Esses profissionais se tornam um peso para a organização, emperram seu crescimento, contaminam bons funcionários com sua forma de pensar e agir. Acho importante o empreendedor ter uma postura transparente e deixar claro que não está satisfeito com o trabalho que o funcionário vem fazendo. Se acreditar que é possível mudar essa postura, pode até mesmo bancar cursos e treinamentos visando o seu aprimoramento. Porém, se após esses cuidados o colaborador não reagir e não mudar a sua atitude, não há razão para mantê-lo no time. Uma vez que você já o alertou antes e o respeitou numa relação de transparência, não haverá nenhum tipo de mágoa ou ressentimento da parte dele. Respeite todas as pessoas da sua equipe, inclusive aquele que está deixando a desejar. Seja honesto e transparente. Ninguém merece ser maltratado ou desrespeitado.

## PENSE GRANDE E COMECE PEQUENO

Fui procurado há alguns anos por um grupo de empresários interessados em criar um curso para empreendedores no Brasil. A proposta era interessante:

ensinar o caminho das pedras para aqueles que desejavam montar um negócio. Devido à minha trajetória empresarial, meu nome surgiu naturalmente como referência para criar, estruturar e desenvolver uma metodologia única sobre o tema e que fosse capaz de atrair o maior número possível de alunos interessados. Confesso que me entusiasmei no início. Por que não? Fizemos várias reuniões, desenhamos o plano de negócios e estávamos prestes a colocá-lo em prática quando um dos empresários me chamou para conversar em particular.

- Carlos, estou muito animado com o nosso projeto.

- Eu também. Tem tudo para ser um sucesso.

- Mas para a coisa dar certo, precisamos investir na construção de uma belíssima sede. Oferecer uma estrutura de primeiro mundo, com auditório suntuoso, uma recepção belíssima. Temos que impressionar os alunos já no primeiro contato. Tem que ser algo impactante. Acho que o investimento inicial na estrutura deve ser algo em torno de dois milhões de reais.

Fiquei preocupado. Como você sabe, caro leitor, acredito que um dos segredos do sucesso é pensar grande, mas começar pequeno. Sonhar com os pés no chão e ir aos poucos conquistando espaço no mercado e crescendo no ritmo certo.

Agradeci as pessoas envolvidas por terem lembrado do meu nome para participar do projeto e deixei o empreendimento. Às vezes, você pode negociar com possíveis parceiros e ser induzido a construir negócios que não são tão bons. Podem embalá-lo de forma a encantá-lo, mas não se deixe enganar pelas aparências. Tenha em mente que é permitido pensar grande e que o caminho mais seguro é começar pequeno. Bem, o que aconteceu com o projeto para o qual eu fui convidado? Nunca saiu do papel.

## CUMPRA A LEGISLAÇÃO TRABALHISTA

Os empresários costumam se queixar das leis trabalhistas alegando que são um entrave para o crescimento e a geração de empregos, já que geram muitos encargos. De fato, a CLT precisa ser revista para estar em sintonia com a realidade do mundo corporativo atual, mas enquanto isso não acontece, o empreendedor não pode optar por descumpri-la, buscar atalhos, tentar driblá-la. Assim como eu, você que está agora com este livro nas mãos, também é uma pessoa honesta e zela pelo seu nome. Não será descumprindo leis que ganhará mais dinheiro. Não abra nenhum tipo de exceção. Todo desvio de conduta na área trabalhista traz suas consequências, e elas são danosas, caras e desgastantes. O empreendedor que opta pela irregularidade em relação às leis trabalhistas pode ter uma certeza: somente seu funcionário nessa condição dormirá tranquilo. Você, não. E mais cedo ou mais tarde ele irá lhe apresentar a conta solicitando todos os seus direitos trabalhistas multiplicados por dez de acordo com o caráter de seu advogado, que ficará então com uma participação significativa da indenização a ser paga. Escreva em letras maiúsculas: esse caminho não compensa.

## CRIE UMA ROTINA DE COMEMORAÇÕES

Quando comecei a dar aulas de inglês, eu queria encontrar professores para usar a metodologia e aplicá-la em sua cidade. Toda vez que assinava um contrato com um novo professor, eu ia até a padaria da esquina e comprava uns pasteizinhos e guaraná para comemorar com a equipe comercial aquela vitória. Alguns colaboradores que estão comigo até hoje ainda se lembram daqueles momentos de comemoração. É claro que cada momento terá uma comemoração diferente, mas o mais importante é reconhecer e valorizar a equipe responsável por ter atingido metas e objetivos maiores da empresa.

● ● ●

# 8

## COMO DESCOBRIR OPORTUNIDADES NA CRISE

Nunca fui de entrar em pânico diante de crises econômicas. Desde que comecei a empreender passei por tantos momentos difíceis que fiquei vacinado contra o medo paralisante diante de cenários difíceis como recessão, inflação alta, desemprego, queda na produção, desvalorização da moeda. Foram tantas crises e tantos pacotes econômicos que fica difícil até mesmo enumerá-los aqui. Não dá para esquecer, no entanto, do Plano Cruzado, em 1986, que substituiu a moeda oficial cruzeiro pelo cruzado. Do plano Bresser, um ano depois, que adotou a estratégia furada do congelamento de preços e extinguiu o gatilho salarial que aumentava o salário dos trabalhadores toda vez que inflação chegasse a 20%. E do Plano Collor, em 1990, que confiscou o dinheiro de todos os brasileiros depositado em contas correntes, na poupança e nos demais investimentos financeiros. Todos esses planos naufragaram e jogaram a economia do país no fundo do poço. Somente em 1994, com o lançamento do Plano Real, é que conseguimos finalmente controlar a inflação e a corrosão da nossa moeda, que passou a se chamar Real. Neste exato momento em que escrevo, amigo leitor, estamos diante de uma nova crise gerada pelo maior escândalo de corrupção de nossa história envolvendo boa parte dos políticos do primeiro escalão do governo deste país.

Como se não bastasse, há também as crises externas. Uma das mais duras aconteceu em 2008 devido à explosão da bolha do mercado imobiliário norte-americano. Empresas do setor financeiro dos Estados Unidos concederam indiscriminadamente crédito a pessoas que não podiam ser classificadas como boas pagadoras. Os prejuízos foram bilionários e afetaram economias de todo o planeta, inclusive a brasileira.

A tendência da maior parte das pessoas que sonham em ter um negócio próprio em cenários de crise como os que eu acabei de citar é recuar. Diante de qualquer ameaça, colocam seus projetos na gaveta e aguardam dias melhores chegar. Não investem, não empreendem, não se arriscam. Algumas dessas pessoas passam a vida toda aguardando o momento certo chegar para poder empreender. Enquanto isso, aqueles que são resilientes seguem em frente e prosperam mesmo em momentos de incertezas políticas e econômicas.

Não estou dizendo aqui que o empreendedor que já está no mercado não deva ser cauteloso em momentos de crise. Seria uma incoerência, uma irresponsabilidade. Mas sou totalmente contrário ao pensamento de ficar paralisado esperando o furacão passar para só então voltar a pensar na possibilidade de crescer.

Meu primeiro projeto educacional, como já destaquei aqui, nasceu no final da década de 1980 em plena crise econômica, diante de um cenário de inflação superior a 70% ao mês. Atravessou todas as crises econômicas que acabei de citar e se tornou o maior grupo educacional do país. Mesmo nos momentos mais difíceis, os negócios prosperaram. Continuei atendendo rotineiramente empreendedores dispostos a abrir uma franquia, pois não podia paralisar a empresa. Recuar diante de uma grande oportunidade mesmo num cenário de crise seria um absurdo. Um erro trágico. Uma atitude inaceitável. Fui em frente, assumi o risco, apostei minhas fichas e superei os desafios. Jamais teria me tornado um empresário tão bem-sucedido se adotasse o comportamento temeroso e tivesse pisado no freio nos últimos anos.

Você sabia que mesmo nesse momento grave de crise que o Brasil vem atravessando – com a corrupção atingindo um nível jamais imaginado, políticos sendo presos quase que semanalmente e a recessão aumentando – continuam surgindo novos milionários todo dia neste país? São cerca de mil novos milionários por ano. Ao mesmo tempo em que há empresas quebrando e empreendedores falindo, há muita gente se dando bem graças ao talento e competência com que conduzem os negócios. Graças aos modelos de gestão que desenvolvi, continuo trilhando o caminho do sucesso. A rede Mundo Verde mantém o seu ritmo de crescimento, já superando a casa de 400 lojas. As escolas da Ronaldo Academy estão sendo abertas no Brasil, Estados Unidos, Colômbia, México e China. A Vale Presente se valoriza a cada dia. E recentemente adquirimos uma participação mundial na empresa norte-americana Hickies.

# VOCÊ ESTÁ PERDENDO DINHEIRO. E NÃO SABE!

Momentos de crise exigem do empresário uma reavaliação cuidadosa do seu modelo de negócio, especialmente para saber como aplicar os recursos disponíveis.

Descobri que, independentemente da empresa e de sua área de atuação, há muito dinheiro dissipado na operação do negócio. Geralmente 10% da receita das empresas vão para o ralo bem debaixo dos olhos dos seus gestores. Em alguns casos esse percentual é até maior. Não estou exagerando. Se você duvida do que estou dizendo, faça um teste. Reúna os principais líderes da sua empresa – diretores, gerentes, supervisores – e peça para que cada um escreva numa folha de papel em quais atividades ou situações a organização está desperdiçando dinheiro. Dê a eles 30 minutos para refletir e escrever. Depois recolha as folhas e leia tudo com atenção. Você vai se surpreender ao ver como vem jogando dinheiro fora e também ao descobrir que seus funcionários sabem exatamente o que está acontecendo. Não é preciso pagar fortunas para consultorias especializadas identificarem o problema. A resposta está dentro de sua própria "casa". A boa notícia é que aqueles que estão ao seu lado conhecem também qual a melhor solução para acabar com esse desperdício.

Se os próprios funcionários sabem como resolver o problema de desperdício de dinheiro, as perguntas que surgem são as seguintes: por que naturalmente não tomam uma atitude imediata? Por que não ajudam espontaneamente a fechar a torneira desses gastos injustificados? Por que precisam esperar o seu superior mandar? A verdade é que essas pessoas estão trabalhando numa zona de conforto. Mudar um modelo ou um processo pode representar enormes dores de cabeça como se adaptar a uma nova forma de trabalhar e de lidar com os recursos da companhia. Sem contar que a primeira preocupação óbvia é a de que podem perder sua estabilidade na estrutura. Então preferem manter tudo do jeito que sempre foi. Na visão míope delas, é melhor não correr riscos e esperar pacificamente para ver como as coisas ficarão.

O que elas não percebem é que correm um risco infinitamente maior se a empresa continuar nessa sangria desatada. Se não houver mudanças e ajustes, os resultados não mudarão. Continuarão sendo os mesmos – ou até piores. Jamais melhores. Diante de um cenário de instabilidade, cabe a você, como líder, tomar a decisão de mudar, de buscar caminhos alternativos, de inovar – ou então aceitar passivamente que mais cedo ou mais tarde irá naufragar. Não deixe isso acontecer. Seu negócio tem condições de crescer mesmo diante de cenários adversos.

Para aproveitar as oportunidades que surgem em meio às crises de todas as ordens, é importante estar atento ao que as pessoas dizem. Costumo ler os principais sites de notícias, ouvir especialistas, conversar com empresários e consultores.

Ouço todos sempre com verdadeiro interesse para identificar boas ideias e sugestões. Depois, revejo o meu modelo de negócios e, se necessário, faço ajustes e adaptações. Quando, por exemplo, eu vendia matrículas de cursos de inglês, meus profissionais da área comercial precisavam fazer cinco contatos para efetuar uma venda. A cada cinco contatos, uma venda acontecia. Nos momentos de crise, meus vendedores mantinham a meta esperada de vendas, porém eles mudavam somente a estratégia: em vez de cinco contatos diários para fazer uma venda, passavam a fazer dez. Redobravam o esforço para obter o resultado necessário. Relembrando a lição aprendida por aquele profissional que não sabia vender e se tornou o melhor profissional da equipe comercial da sua empresa: quem controla o resultado é o vendedor, e não o comprador. Ele tem que adaptar a sua estratégia, aumentar o número de portas nas quais vai bater e realizar a venda ao final do dia.

Um dos filmes mais marcantes a que assisti foi *Em busca da felicidade*, com o ator Will Smith fazendo o papel de Chris Gardner, um homem casado, pai de um filho, e que investiu sua reserva financeira na compra de equipamentos portáteis de tomografia para revendê-los. Apesar do seu esforço e dedicação, não conseguia negociá-los tão facilmente como imaginava. Seu casamento acabou por causa da crise financeira da família. Chris e o filho foram despejados e tiveram que dormir várias noites em abrigos públicos e até mesmo no banheiro de uma estação do metrô. O dinheiro que tinha não dava sequer para alimentar o filho. Mas Chris era determinado. Conseguiu ser aceito para fazer um teste numa corretora de valores mobiliários. Os diversos candidatos deveriam passar um dia prospectando clientes. Aquele que conseguisse mais contratos ficaria com o emprego. Chris não dispunha do mesmo tempo que os demais para prospectar novos clientes. Precisava de parte do dia para tentar vender os aparelhos de tomografia e ganhar o mínimo para garantir o seu sustento e o do filho. Para superar seus concorrentes pela vaga, ele teve que fazer sacrifícios. Não perdia tempo tomando cafezinho. Não ia ao banheiro a cada instante. Não ficava de conversa fiada com os colegas. Cada minuto ganho valia ouro. Falava diretamente com os clientes que tinham poder de decisão, e não com assessores orientados para afugentar profissionais como ele. Sua energia estava totalmente voltada para a prospecção de novos clientes. Como o filme foi lançado em 2006 e é baseado numa história verídica, não há risco de *spoiler*. Posso contar o final da história. Chris ficou com a vaga e se tornou mais tarde um empreendedor de sucesso. Disciplina, determinação, persistência, visão estratégica e compreensão do momento que estava vivendo foram algumas das virtudes do personagem para superar a sua crise.

Mesmo com a crise afetando os mais variados setores da atividade econômica, o Brasil não fica paralisado. Se você vai a um *shopping* center qualquer, constatará que as pessoas caminham animadas pelos corredores. Carregam menos sacolas, é verdade, mas continuam consumindo. Dê um pulo na praça de alimentação e

O dinheiro trata bem quem trata
bem o dinheiro.

> **Geralmente 10% da receita das empresas vão para o ralo, bem debaixo dos olhos de seus gestores. Você pode reverter essa situação.**

verá que está lotada. Repare na fila dos cinemas e perceba que as pessoas não abriram mão do lazer. Isso vale para outros segmentos da nossa economia. Observe os aeroportos na época de férias. As aeronaves decolam com todos os seus assentos ocupados. Você não consegue assento nem na primeira classe. O empreendedor que, em vez de agir, fica só se lamentando diante das situações adversas, perde espaço. Aquele que se adapta às condições do momento, continua vendendo e fazendo bons negócios.

As empresas que sobrevivem às crises são aquelas que continuamente fazem um trabalho consistente. Criaram raízes tão profundas que nem mesmo o maior dos furacões é capaz de arrancá-las. Não se faz isso do dia para a noite. É resultado da competência que o empreendedor teve para montar uma equipe talentosa e de alta performance. As crises não costumam ter misericórdia daquelas organizações que não fizeram a lição de casa e se encontram vulneráveis por não terem cuidado de suas finanças, ou então tendo feito empréstimos junto a bancos ou ainda estarem devendo quantias vultosas a credores. Se você está enfrentando esse tipo de dificuldade, precisa se livrar desse pesadelo, nem que tenha que vender algum negócio ou propriedade para se capitalizar e pagar tudo o que deve. Temos os juros mais altos do mundo e ninguém sobrevive se ficar refém desse sistema devastador. Como já citei anteriormente: quem entende de juros recebe, quem não entende, paga.

# CRISES GERAM ÓTIMAS OPORTUNIDADES

Excelentes oportunidades surgem em meio às crises. Enquanto a maioria corre de um lado para o outro assustada com informações apocalípticas, o empreendedor precisa manter os pés no chão e buscar oportunidades. O que não vão faltar são pessoas dizendo que o país está no fundo do poço, que é a pior crise da história, que demoraremos vários anos para nos recuperar. Tudo isso pode ser verdade, mas não significa que não existam bons negócios ao seu alcance. Se você tem dinheiro no bolso num momento de crise, tem também maior poder de negociação. Sempre me perguntam se costumo comprar empresas em períodos de crise. Não há melhor momento para você comprar. Quem enfrenta dificuldades geralmente está sedento

> **Não se deixe abater pela crise. Concentre-se naquilo que você pode controlar e esqueça o resto.**

para vender e inclinado a reduzir o valor inicial da sua proposta. Assim que fecho a compra de uma empresa, começo a pensar em como reestruturá-la para que esteja com força total assim que a crise terminar. Invisto em tecnologia, aposto em inovações, e vejo como pode haver sinergia com demais empresas do grupo para reduzir o custo operacional. Enquanto muitos empresários adotam uma postura mais conservadora e cautelosa e só começam sua retomada num cenário menos turbulento, eu já estou vários passos à frente e preparado para vender, vender, vender. Posso até não ter lucro tão alto nos anos de crise, mas seguramente terei o devido retorno num futuro breve.

Para quem gosta de pensar a partir de números, eis um argumento definitivo. Se o país está atravessando um período de grave crise econômica, é possível comprar empresas com valores abaixo do que realmente valem. Há inúmeras ofertas à sua espera. Imagine, por exemplo, que você comprou uma empresa que valia 2 milhões de reais por 1,5 milhão de reais. Assim que a crise passar, a empresa voltará a valer 2 milhões de reais, o que significa que, sem fazer muito esforço, você já terá um ganho de capital de 500 mil reais. Um ótimo negócio.

Portanto, é insensatez ficar parado durante as crises. Busque inovar sempre. Procure mudar sua forma de pensar e adquirir novos conhecimentos. Estou sempre me reciclando. Após completar 55 anos decidi aprender mandarim. Idioma difícil para um ocidental, mas cabeça de empreendedor é assim mesmo: só sossega quando conquista aquilo que quer. No início do meu aprendizado tive aulas diárias desse idioma por Skype com Wang Hongyan, uma professora da cidade de Tianjin. Depois conheci duas professoras de chinês em Campinas, Lei Cui e Sun Jia. Com o passar do tempo e das aulas, comecei a ter maior facilidade com o idioma.

Desmistifiquei a língua. Passei a ter desenvoltura e fluência. Ainda hoje estudo uma hora por dia de chinês e realizei um sonho: lancei dois livros na China e já fiz várias palestras nas principais universidades chinesas falando em mandarim. Hoje converso naturalmente com chineses nativos e passei a ser uma personalidade na China. Já fui entrevistado várias vezes pela CCTV, a rede nacional de TV da China. Uma experiência incrível e uma prova incontestável de que o indivíduo consegue tudo aquilo que deseja desde que se empenhe para esse fim.

Passamos boa parte das nossas vidas gerenciando crises. Se você está acima do peso e o médico o orienta a perder 10 quilos, sua saúde está em crise. Se precisa aprender um novo idioma para atender às demandas do trabalho, sua empregabilidade está em crise. Se desiste de fazer aquele curso que tanto sonhou porque não tem tempo, é sua capacidade intelectual que entrará em crise. Quantas promessas feitas no início do ano são feitas e abandonadas logo no mês de janeiro, não é mesmo? As decisões que pareciam definitivas e inabaláveis não suportam sequer um mês de sacrifícios. Se na administração da sua vida você não é um realizador, não se prepara e não tem disciplina, as chances de desistir do seu negócio no meio do caminho são gigantescas.

Volto ao tema, já tratado anteriormente, de a pessoa querer ou não pagar o preço para conquistar aquilo que tanto sonhou. No nosso caso, amigo leitor, estou falando do empreendedor que deseja ter sucesso. Durante as crises, esse preço é ainda maior e pesado, exige empenho redobrado e um sacrifício hercúleo. É exatamente nessas horas que você tem que estudar ainda mais, tentar de todas as maneiras melhorar seu processo, repensar seu modelo mental, reavaliar sua forma de administrar, buscar ainda mais intensamente a inovação, se aproximar mais dos seus clientes. Para tanto é preciso trabalhar dobrado, ficar até tarde na empresa, enfrentar o cansaço, suportar as dores que se espalham pelo corpo devido ao esgotamento físico e mental. Esqueça o computador. Você tem que estar ainda mais presente no mundo real e não no virtual. É impossível superar crises administrando tudo à distância.

Sempre que viajo – e faço isso com muita frequência – lembro da figura imponente do comandante Rolim Amaro, fundador e presidente da TAM, falecido em 2001 num acidente aéreo. Era uma segunda-feira chuvosa. Eu ia para Uberlândia, Minas Gerais. Meu voo sairia às 7h, de Congonhas. Quando me aproximei da aeronave, quem estava na porta do avião segurando um guarda-chuva, dando boas-vindas e desejando boa viagem aos passageiros? Era ele mesmo, o próprio Rolim Amaro. Essa imagem nunca sairá de minha memória. Não importava para ele se o dia estava chuvoso, frio, nublado ou ensolarado. Independentemente das intempéries, ele recebia com frequência todos os passageiros com um sorriso no rosto. Eu apertava a mão daquele homem e sentia orgulho do seu empenho, determinação e paixão pelo seu negócio. Naquele momento de sua vida, já tendo construído uma empresa de grande sucesso, ele não precisava se dar ao trabalho de se levantar da cama ainda de madrugada para se colocar na porta da aeronave enquanto os passageiros caminhavam pelo tapete vermelho – outra iniciativa marcante de sua gestão. O cliente merecia sempre o tapete vermelho estendido e um eterno agradecimento por ter escolhido a TAM diante de outras opções de companhias aéreas. Entendo o que passava pela cabeça de Rolim. Ele tinha a convicção de que, por ser dono da empresa, precisava dar o exemplo aos seus colaboradores, ser o mais entusiasmado e aquele que mais demonstrava vontade de superar as adversidades. Dessa maneira, ele contagiava todos os demais funcionários com seu espírito alegre, criava um espírito de união na equipe e, consequentemente, superava as crises mais rapidamente do que seus concorrentes.

As crises podem arrastar para o abismo empresas tidas até então como sólidas como uma rocha. Há inúmeros exemplos que podem ser citados. Só há uma coisa mais difícil do que alcançar o sucesso e chegar ao topo: permanecer lá. Gosto de citar um pensamento do professor e psicólogo Paulo Gaudêncio. Ele define o sucesso através da imagem de uma pessoa em cima de uma árvore e outras 30 embaixo balançando o tronco tentando fazer você cair. A forma de se sustentar no topo da árvore é estar preparado para todos os tipos de adversidades. Não fique parado. Não se contente com o sucesso que conquistou até agora. Busque sempre mais. Houve uma época no mundo dos negócios em que o grande engolia o pequeno. Agora é o mais veloz quem atropela os mais lentos e acomodados.

# COMO AVALIAR UM NOVO NEGÓCIO

Comprar empresas se tornou uma rotina em minha vida. Durante o período em que estive à frente do Grupo Multi, foram 10 organizações adquiridas, todas feitas após a entrada de meus filhos Charles e Lincoln nos negócios. Estive diante de todos os tipos de negociadores. Há aqueles que são mais flexíveis e outros que se mostram irredutíveis durante as transações. Existem também alguns mais agressivos e outros mais afáveis no trato. Alguns extremamente racionais e lógicos e outros puramente emocionais. Aprendi a lidar com cada um deles. O mais difícil, no entanto, é negociar com o fundador. Quem cria uma empresa normalmente estabelece um forte vínculo afetivo. O dono do negócio não costuma pensar de forma racional nessas horas e procura quantificar o seu empenho pessoal até ali, argumentando que construiu sua empresa com muito sangue, suor e lágrimas. Alguns parecem se sentir ofendidos quando recebem uma oferta, como se pensassem da seguinte forma: "Como ousam bater à minha porta para comprar a organização que criei com tantos sacrifícios e que fiz crescer e a tornei lucrativa?" E se o candidato a comprador for um concorrente, a coisa fica ainda mais difícil e tensa. É preciso muita habilidade para mostrar ao fundador que você não está ali para afrontá-lo ou destruir tudo aquilo que construiu. Ao contrário. São apenas negócios. O fato de alguém se interessar em comprar uma determinada organização é uma clara demonstração de que a pessoa está enxergando um importante potencial de crescimento e de lucratividade.

Recordo que certa vez eu e meus filhos queríamos muito comprar uma rede de escolas cujo fundador era uma pessoa muito apegada ao negócio pelo simples fato de ele ter visto todo seu empreendimento nascer, crescer e se desenvolver com sucesso. Devido a essas circunstâncias, sabíamos que seria uma negociação mais complexa, pois havia um forte vínculo pessoal do fundador, que participava ativamente da operação do negócio. A oferta que faríamos era um valor milionário. Então, com a intenção de impressionar o dono da rede, imprimimos um cheque gigante com o seu nome e o valor que estávamos oferecendo pelas escolas. Eu e Lincoln pegamos um avião no aeroporto de Viracopos, em Campinas, e fomos até Belo Horizonte nos encontrar com o empresário. A hora que ele viu aquele cheque gigante, com seu nome e o valor estampado, logo abriu um grande sorriso, e disse que nunca havia visto um cheque tão grande e com um valor tão alto. Por uma questão de sigilo, ele não queria que os demais funcionários vissem o cheque. A única pessoa que o viu foi o consultor que acompanhou a reunião e que era muito próximo da família do empresário.

Saímos do encontro com a promessa de que ele iria ponderar, analisar e refletir sobre nossa proposta. Garantimos a ele que, quando resolvesse descontar o cheque, bastaria nos avisar que no dia seguinte o dinheiro estaria em sua conta. Ele estava radiante e por alguma razão sentíamos que tudo daria certo. Como bom mineiro, ele não quis se comprometer com uma data para nos ligar. Apenas disse que iria se reunir com a família e assim que tivesse uma posição iria nos contatar. Saímos esperançosos de Belo Horizonte.

Mas o tempo foi passando: uma, duas, três, quatro semanas e nada de resposta do empresário. Então pedimos para o consultor que era próximo da família fazer uma visita e tratar do assunto pessoalmente com o fundador. Ao procurá-lo, ele foi convidado para uma conversa no sítio do empresário. No dia e horário marcados, lá estavam os dois. E o que o consultor encontrou na sala do sítio e que o surpreendeu? O tal cheque gigante. O empresário fez questão de levar o consultor para conhecer seu lindo sítio e colocou o cheque debaixo do braço. Caminhava muito orgulhoso carregando-o como se fosse um valioso troféu.

Conclusão da história: já se passaram mais de 15 anos desde aquele encontro e até agora o empresário mineiro não vendeu sua escola. Com frequência, fico pensando após tantas turbulências na economia, qual foi a queda de valor de sua empresa nesse período? Imagino também se ele tivesse descontando o cheque naquela ocasião e aplicado aquele capital. Quanto ele teria disponível em caixa hoje? São perguntas que às vezes passam pela minha mente.

Por todos esses motivos, tenho um grande respeito pelo fundador, quando me sento ao seu lado para negociar a compra de sua empresa. Posso dizer que conheço o que passa em sua alma, pois já estive do outro lado da mesa negociando a venda de minha empresa familiar. Não é uma experiência fácil de ser vivida. Mas também não é o fim do mundo. Conforme comentei anteriormente, eu me mantive sereno durante as negociações para a venda da minha empresa e não tive dificuldades em enxergar que estava diante de uma proposta excepcional. Negar isso seria um erro estratégico grave. Fechei o negócio e em menos de um ano estava de volta com fôlego renovado à frente da rede Mundo Verde. Uma das perguntas mais recorrentes que me fazem é a seguinte: por que aceitei a venda da empresa familiar? Outra pergunta comum é: por que decidi voltar ao mercado e empreender novamente, já que tenho tanto dinheiro e poderia apenas "aproveitar" a vida? Em primeiro lugar, quando fazemos o que gostamos de fazer, trabalho não é trabalho. É realização. É satisfação. É contribuição. Em segundo lugar, acredito que os recursos investidos nas empresas que adquiri irão proporcionar dividendos maiores do que aqueles que o mercado financeiro me pagaria. Por fim, em terceiro lugar, descobri que todo empreendedor é um sonhador e assim que realizamos um sonho descobrimos que temos sonhos ainda maiores para serem realizados.

# COMO SABER SE VALE A PENA COMPRAR UMA EMPRESA

Quase semanalmente recebo propostas para comprar novos negócios. Se fosse aceitar todas elas, ficaria completamente maluco. A maior parte dessas propostas não tem fundamento e representa um grande risco caso você entre de cabeça, sem as devidas precauções. Comprar uma empresa é algo bastante complexo e que exige extrema atenção. Como identificar se uma determinada organização é uma excelente oportunidade ou uma grande roubada? Por onde começar a análise? Enquanto a maioria daqueles que desejam fazer um ótimo investimento concentra suas atenções iniciais numa empresa específica que vem chamando sua atenção, eu sigo outra estratégia. É verdade que uma companhia pode inicialmente despertar o meu interesse, mas não é essa a ordem natural da minha forma de agir. Antes de abordar a empresa que está no meu radar, existe um cuidadoso processo de análise que detalho agora para você.

Quando fazemos o que gostamos,
trabalho não é trabalho.
É uma fonte de satisfação
e realização.

## ANÁLISE DO SETOR

Tenho como hábito avaliar primeiro um determinado setor que acredito ser interessante. Estudo suas características e particularidades, procuro entender sua dimensão e o seu contexto dentro da economia brasileira, o potencial de crescimento, os maiores obstáculos, fatores externos que interferem diretamente naquele segmento. Demonstro interesse especial em descobrir qual a real percepção do consumidor sobre os produtos daquele setor. E vou além na minha avaliação. Eu me faço as seguintes perguntas: "O setor tem potencial para crescer? Como ele pode crescer? É possível almejar o mercado externo? Trata-se de um modismo temporário, como aconteceu com as chamadas paletas mexicanas (que por sinal bateram em nossa porta em busca de investidores, mas felizmente caímos fora)?" Só depois de ter uma visão clara do setor é que começo a analisar as empresas que atuam nesse segmento de mercado e pensar na possibilidade de uma aquisição. Essas informações previamente levantadas me dão base para argumentar, contra-argumentar e não acreditar em cenários irreais que possam ser desenhados diante dos meus olhos por quem está ansioso para vender.

## DEFINIÇÃO DA MELHOR EMPRESA DO SETOR PARA A COMPRA

O passo seguinte é descobrir qual das organizações de um determinado setor pode representar um bom negócio. É o momento em que eu faço duas perguntas para mim mesmo: "Como ganhar dinheiro com esse negócio? E quais são as possibilidades de perder dinheiro com esse negócio?" Se as respostas foram satisfatórias, sigo em frente na minha análise. Se não estiverem claras, caio fora.

Devido ao perfil dos meus negócios, busco marcas que estejam associadas ao contexto de bem-estar e qualidade de vida, o que garante maior sinergia entre as demais empresas da família. Meu foco de atenção recai obrigatoriamente sobre as franquias, já que esse modelo é comprovadamente um sucesso e proporciona as condições necessárias para que todos os envolvidos no negócio saiam ganhando. Esse é exatamente o meu *know-how*. Além de buscar o maior número possível de informações no mercado, sobre uma determinada empresa, costumo ouvir a opinião de consultores e especialistas de mercado que possuem uma visão mais ampla e um conhecimento aprofundado sobre a empresa ou do setor em que ela atua. O que pensam sobre aquela determinada empresa? O que acham da marca? Como avaliam seus produtos? Como definem seus consumidores? Numa ocasião, 18 pessoas (de um total de 20) torceram o nariz quando perguntei sobre determinada marca. Desisti do negócio, mesmo sabendo que o setor tinha potencial e a margem de lucro prometia ser muito boa. Sou um ótimo empreendedor, mas não um salvador da pátria para resgatar marcas queimadas do limbo e reconquistar o prestígio que tiveram um dia junto ao consumidor. É preciso ter algumas condições mínimas para que uma marca se recupere. E naquele caso elas praticamente inexistiam.

## ESCOLHA DOS PRINCIPAIS EXECUTIVOS

A próxima etapa, ainda sem oficializar o meu interesse e iniciar as negociações com a empresa que está no meu radar, é começar a pensar em quem irá tocar o negócio. Preciso saber antecipadamente, portanto, antes de fechar o negócio, quem vai cuidar da área financeira, para ter o controle do caixa; da expansão dos negócios, para que ele tenha escalabilidade; e da gestão dos processos como atendimento ao cliente, sistema de distribuição, *marketing* etc. Se não tiver definido nenhum desses três nomes, não posso assumir nenhuma organização. Seria uma grande insensatez. Seria como um time entrar em campo sem um técnico. Quando adquiri as marcas Topper e Rainha, os funcionários ficaram assustados e preocupados com o futuro, pois temiam uma onda de demissões. Não os culpo. Esse é um comportamento corriqueiro no mundo dos negócios. Penso de maneira diferente. Gosto de manter a equipe que está na linha de frente. Fiz uma reunião com pessoal e disse que eles entendiam tudo de produção de artigos esportivos, ao contrário de mim. A minha especialidade é outra: comprar empresas, expandir os negócios, torná-las cada dia mais rentáveis, gerar empregos e pagar bons salários. Portanto, não tinham com o que se preocupar. Todos os empregos foram mantidos. Mas no caso específico das três posições de liderança das áreas financeira, expansão de negócios e processos, coloquei pessoas de minha total confiança.

## ESTUDO DO PLANO DE NEGÓCIOS

Finalmente abordo a empresa que considero mais atrativa no setor que avaliei. Logo no começo das negociações, peço para olhar o *business plan* que os proprietários têm em mãos para ter ideia do que projetavam para os próximos anos. Analiso cuidadosamente o histórico de crescimento comprovado dos últimos cinco anos. Se a concorrência está indo mal, pergunto por que acham que a empresa deles vai se sair bem. Há casos em que você descobre que a empresa não tem o potencial esperado e aí é uma questão de avaliar criteriosamente se isso está ou não dentro das suas expectativas. Jamais invisto em algo que tenha retorno previsível e limitado. Prefiro negócios que apresentem um gigantesco potencial de retorno. Mas o *business plan* deve ser olhado com certa cautela. Eu sempre tenho em mente que o papel aceita tudo, inclusive projeções que estão totalmente fora da realidade.

## ANÁLISE DA CULTURA INTERNA

Cada empresa tem a sua cultura interna, o seu jeito de ser. O Google, por exemplo, possui uma cultura claramente definida. É uma empresa que tem basicamente funcionários jovens, na faixa dos 25 anos. O ambiente de trabalho é informal e há aqueles que podem trabalhar usando até mesmo bermuda, camiseta e sandálias, se assim o desejarem. Há poucos níveis hierárquicos e um estímulo constante à busca pela inovação. Essas são algumas das principais características de empresas de tecnologia. É parte da sua cultura. Agora imagine o ambiente interno de um banco. Os funcionários recém-contratados geralmente ingressam no banco na base de sua hierarquia e vão crescendo e conquistando melhores posições.

Os membros da diretoria seguiram esse mesmo caminho, começando pela base. O ambiente do banco é sóbrio. Os executivos usam terno e gravata e os funcionários que trabalham nas agências são treinados para lidar com o público de maneira atenciosa e formal. São traços da cultura da maior parte dos bancos.

Quando um empreendedor funda uma empresa, a cultura interna vai sendo formada no dia a dia, mas geralmente ela é o espelho da alma do seu dono. Se ele é alegre e informal no relacionamento com sua equipe de profissionais, eles também agirão dessa maneira. Já se for mais sóbrio e menos sorridente, isso também se refletirá no comportamento do pessoal. Como fazer para que a cultura da empresa seja a mesma no caso de ter centenas de unidades espalhadas pelo país e sendo comandadas por franqueados com perfis distintos? É o caso da rede Mundo Verde. Nesses casos, é preciso definir e divulgar constantemente a missão, a visão e os valores que devem ser respeitados e seguidos por todos. Portanto, quem visita as lojas Mundo Verde recebe o mesmo tipo de atendimento e atenção independentemente da região do país.

Essa união de princípios, comportamentos e objetivos é muito importante porque faz com que as pessoas se sintam parte de um grupo maior. Não são peças isoladas, mas um time que atua de forma coesa e unida. Não importa se o colaborador do franqueado está no Norte ou no Sul do país, no litoral ou no Pantanal, no campo ou na cidade. Ele irá assimilar a cultura da empresa. Nas convenções nacionais que realizamos, todos vestem a camisa da empresa feita especialmente para essas ocasiões e recebem o reconhecimento e a valorização pelo ótimo trabalho que estão realizando. Quando retornam às suas cidades, se sentem mais fortalecidos porque percebem que fazem parte de um universo muito maior, que tem regras e princípios que precisam ser seguidos e respeitados. Se a cultura da empresa que você pretende adquirir é frontalmente contrária àquela que você desejaria, pense cuidadosamente se vale a pena fazer esse investimento. Mudar a cultura de uma organização não é tarefa simples, pois ela está arraigada nos funcionários.

## IDENTIFICAÇÃO DE POSSÍVEIS AMEAÇAS

É fundamental saber também quais são as ameaças que rondam aquela empresa e seus produtos. Não gosto de organizações que dependam de um único cliente. Conheço um empreendedor que fornecia bandejas para igrejas evangélicas. O produto era utilizado pelos pastores na hora de servirem o sacramento. As vendas, que iam muito bem, eram feitas para a Associação Brasileira de Evangélicos. Mas bastou a troca de líderes dessa associação para o fornecedor de bandejas ser substituído por outro. Ao perder o único cliente, seu negócio acabou. Portanto, avalio todas as vulnerabilidades possíveis. Não me levanto da mesa enquanto algumas perguntas não forem respondidas. Existe a possibilidade de um gigante do mercado externo vir para o país? O produto é sazonal? Ele pode ficar rapidamente ultrapassado devido ao avanço implacável da tecnologia?

## RESPEITO PELA TRAJETÓRIA DO FUNDADOR

Quando estou negociando a compra de uma organização, procuro mostrar ao fundador que a venda não representa o ponto final na sua vida de empresário. Ao contrário: ele passa a ter diante de si um leque de oportunidades. Pode investir em qualquer setor ou área que queira, ou fundar uma nova empresa ou ainda apostar no terceiro setor e criar uma ONG para contribuir com alguma causa nobre, dentre outras alternativas. Com o passar dos dias e das reuniões, as negociações avançam e geralmente conseguimos alcançar o nosso objetivo.

## AVALIAÇÃO DO HISTÓRICO DE VENDAS

Outro fator importante da minha análise é o histórico de vendas da empresa e o seu crescimento. Se as vendas vêm crescendo na proporção de 1% a 2% ao ano, a tendência é que esse cenário se mantenha para os próximos anos. Mas se o índice aponta para um crescimento constante, na ordem de dois dígitos, terei maior interesse. O ideal é que a margem de lucro deva ser igual ou superior a 20%. Com o meu investimento, o modelo de gestão e a tecnologia que implantarei, as chances de insucesso nessas condições são mínimas.

## ANÁLISE DE ESPECIALISTAS

Já aconteceu também de eu iniciar uma negociação empolgado e desistir no meio do processo por algo que não se encaixou dentro de minhas expectativas ou dos meus filhos. Certa vez, Charles e Lincoln me apresentaram uma empresa da área de ensino, pois ela estava dentro do perfil desejado. Era uma das maiores empresas do país nesse setor. Nós nos reunimos com os sócios majoritários e chegamos a um acordo em relação aos números. Mas durante a análise coordenada pela nossa equipe de especialistas, percebemos que a realidade era muito diferente daquela que esperávamos. A empresa enfrentava sérios problemas financeiros. Os donos queriam incluir na transação um parque gráfico que era utilizado para fazer a impressão do material didático dos cursos. Eu não tinha o menor interesse em ter uma gráfica. Existiam também problemas tributários sérios. Quanto mais nos aprofundávamos nos detalhes da operação, mais as negociações esfriavam. Fomos lentamente recuando até desistir de vez da compra. Se tivéssemos persistido, teríamos adquirido uma boa marca, um negócio promissor e, ao mesmo tempo, ficado com uma enorme dor de cabeça. Diante de alternativas como essa, eu não tenho dúvidas: o melhor é tirar o time de campo e partir para outra. O mesmo aconteceu com uma rede de franquias da área da saúde. Eu e meus filhos estávamos atrás de novas oportunidades. Mais uma vez tudo parecia convergir para o fechamento do negócio. A marca era conceituada no mercado, o modelo de franquias vinha tendo relativo sucesso e os pacientes estavam satisfeitos. O problema era o modelo de gestão do negócio. Havia um total descontrole, especialmente na área financeira. Mais uma vez desisti da compra, e devo confessar que estava me sentindo bastante frustrado. Mas é melhor ficar temporariamente frustrado do que ter um permanente problema de difícil solução nas mãos posteriormente.

# NÃO SE APEGUE DEMAIS

As pessoas me perguntam com frequência se meu papel como empresário é comprar empresas para torná-las ainda mais rentáveis e em seguida vendê-las por um ótimo valor. Não é esse o meu objetivo. Assim que identifico uma empresa seguindo aqueles princípios que detalhei no início deste capítulo e fecho o negócio, o plano é ficar com ela para o resto da vida. Mas a empresa é um bem. E como todo bem, tem um valor. Nada impede de alguém bater à minha porta com uma proposta irrecusável para comprá-la. Nesses casos, há uma oportunidade de ter um excelente ganho financeiro. Não há porque se apegar a esse tipo de bem. Aceito a proposta e continuo minha saga de empreendedor, buscando novos negócios para o portfólio do Grupo Sforza.

Não saio por aí oferecendo minhas empresas, pois são todas financeiramente saudáveis e apresentam ótimo retorno. Os investidores que buscam bons negócios para investir é que batem à minha porta. É algo natural. Se você fizer um bom trabalho à frente da sua empresa, eles fatalmente irão procurá-lo para lhe fazer uma oferta. Por essa razão, aconselho você a ter a seguinte postura: trate sua empresa como se fosse ficar para sempre com ela, mas ao mesmo tempo tenha em mente que pode surgir uma boa proposta e que não há nada de errado em analisá-la, ponderá-la e finalmente aceitá-la. Por essa razão, é importante que a empresa esteja organizada, com toda a papelada em dia. Muitas empresas deixam de ser compradas mesmo apresentando bons resultados porque o dono não tem como comprovar formalmente os resultados obtidos devido à falta de documentação financeira, fiscal, tributária e contábil.

Na hora de definir um valor para a venda, lembre-se de que o comprador deseja pagar por aquilo que a empresa é, e não pelo que ela pode vir a se tornar um dia. Eu, por exemplo, jamais compro promessa de futuro. Compro histórico de sucesso comprovado e potencial de crescimento ainda maior.

● ● ●

Ao analisar uma empresa,
certifique-se de comprovar
o histórico dos últimos 3 anos:
os números não mentem.

# A PESSOA CERTA NO LUGAR CERTO

Um dos maiores desafios para qualquer empreendedor – senão o maior – é fazer sua empresa crescer de forma consistente. O primeiro passo para isso é ter a pessoa certa no lugar certo. A expansão dos negócios não pode ser feita desordenadamente, sem um plano e um modelo que possa ser replicado através da sua equipe. A correria do dia a dia muitas vezes nos impede de enxergar oportunidades, pois estamos ocupados demais "apagando incêndios", o que nem sempre significa que são problemas realmente importantes. Procuro estar sempre atento ao mercado, mas como qualquer ser humano, não sou uma máquina de precisão absoluta. Já deixei de ver em algumas oportunidades aquilo que para outras pessoas era claro e cristalino. Recebi certa vez a visita de um investidor em meu escritório e fiz questão de que ele visitasse a empresa. Passamos pelas áreas financeira, *marketing*, recursos humanos, vendas, jurídica, expansão e educação corporativa. Ele se impressionou com o amplo e bem equipado auditório, o modelo de logística e distribuição dos produtos. Voltamos à minha sala assim que terminamos este giro. Ele se sentou em uma das cadeiras e teceu uma série de elogios. Depois me perguntou se eu não tinha percebido que aquele modelo funcionaria perfeitamente em qualquer outro tipo de negócio. Se tirasse o produto "ensino de inglês" e colocasse outro no lugar, tudo continuaria em perfeita harmonia, dada a equipe de profisionais que eu tinha. Portanto, eu estava preparado e pronto para expandir meus negócios. Bastava querer. Cerca de dez anos após a visita desse investidor, aquela previsão havia se tornado uma realidade. Tenho várias empresas e aplico em cada uma delas o mesmo modelo de gestão e alguns desses profissionais me acompanham até hoje. Os resultados são obtidos na mesma intensidade. É um modelo inquestionável de sucesso que ano após ano foi aprimorado e aperfeiçoado.

A vivência de anos me deu confiança no meu modelo de gestão. Por essa razão respondi com tranquilidade à pergunta que os franqueados Mundo Verde me fizeram assim que comprei a empresa: "O que um indivíduo que atuou a vida toda na área da educação entende de produtos naturais?" Minha resposta foi honesta e verdadeira: "Nada. Vocês são os especialistas nessa área. Mas qual será então o meu papel? Eu entendo muito de gestão, de expansão de negócios, contratação de pessoas certas para as posições certas, definição de metas, vendas, atendimento ao cliente, acompanhamento de resultados e comemoração de conquistas." Não importava o produto, mas o meu modelo mental e de gestão faria com que o negócio de cada membro da rede valorizasse muito mais.

Usei a mesma linha de raciocínio para a Vale Presente. Quando Charles disse que tinha em mente abrir uma empresa nesse setor e que havia desenhado sua estrutura num guardanapo de papel junto com seu amigo Rodrigo Borges após um almoço num restaurante, não descartei a possibilidade. Embora não entendesse nada de cartões de presentes pré-pagos, sabia que se a decisão de investir nesse novo negócio fosse positiva, eu teria como alicerce o meu modelo. A Vale Presente hoje é uma das empresas da HubPrepaid, uma *holding* de tecnologia composta por sete empresas cujo valor de mercado está avaliado acima de 1 bilhão e meio de reais apenas poucos anos após sua fundação. Tenho orgulho em afirmar que a HubPrepaid é a primeira *startup* brasileira a atingir um valor superior a um bilhão de reais.

Além de um modelo de negócios consistente e que possa ser replicado e seguido por outras pessoas, você terá mais chances de sucesso na expansão do seu negócio, se compreender que o seu principal objetivo não é ganhar dinheiro, e sim atender uma necessidade do mercado e fazer isso em grande escala. O dinheiro é consequência do ótimo trabalho realizado. Os aplicativos de celulares são um bom exemplo. As companhias telefônicas cobravam verdadeiras fortunas para seus usuários enviarem mensagens de texto. As mensagens eram chamadas de torpedos. Lembra-se? Pois é. O aplicativo WhatsApp praticamente acabou com os torpedos. Você pode enviar mensagens de texto, imagens e vídeos para quem desejar sem praticamente custo algum. O impacto da entrada do WhatsApp foi tão grande que as pessoas usam o celular há vários anos mais para trocar mensagens do que para fazer ligações telefônicas. Mark Zuckerberg, fundador e CEO do Facebook e dono do WhatsApp, atendeu a uma necessidade do mercado. O dinheiro que ele ganhou com seu aplicativo foi apenas consequência.

Buscar parceiros que possam ajudá-lo a crescer é decisivo para a expansão dos negócios. E nisso as franquias são imbatíveis. Quanto mais franqueados demonstrarem interesse em ter uma franquia da sua marca e replicar o seu modelo de negócios, mais rápido será o crescimento. Mas se você é um empreendedor que está se aventurando pela primeira vez no mercado, seu desafio será ainda maior. Como é praticamente um desconhecido, a tendência é olharem para sua empresa com grande desconfiança. Em vez de apostarem numa marca nova, as pessoas preferem investir em algo mais seguro, que já está consolidado e tem uma história de sucesso. Nesse momento você terá que decidir se aceita ou não fazer parceria com qualquer candidato, mesmo não tendo todos os pré-requisitos ideais para seu negócio. No início será preciso ter menos critério na seleção de seus parceiros. Quando comecei vendendo minhas primeiras apostilas xerocadas que critério eu tinha na época para selecionar meus parceiros? Critério zero. Bastava eles se comprometerem a adotar o material e eu já os aceitava. Em vez de rigidez na forma de agir, será necessário ter mais flexibilidade até você desenvolver e criar um modelo que se consolide. Certamente, quando o seu projeto decolar e der certo, você terá condições para ser mais criterioso nas próximas negociações.

Sempre vou lembrar com saudades de um encontro que tive com José Carlos Simeone Ponce, logo no início das minhas atividades, quando eu ainda buscava por professores de inglês. Ele chegou a Campinas, me procurou e contou que morava no Mato Grosso do Sul. Tinha outros dois sócios para abrir uma escola. Tentei entender o perfil de cada um e ele me explicou que o primeiro era um investidor que tinha dinheiro de sobra no banco e estava disposto a abrir uma franquia. O segundo era um professor de inglês muito qualificado e de ótima reputação na cidade. O terceiro era ele. Eu achei muito curiosa essa descrição e sem esperar receber uma resposta convincente, perguntei:

- Se um dos sócios tem todo o dinheiro necessário para o projeto e o outro é um excelente professor, qual será seu papel nessa sociedade?

Minha admiração por Ponce começou naquele instante, quando ele deu sua resposta de modo muito incisivo e seguro. Ele disse:

- Eu sou o mais importante dos três sócios – respondeu com convicção.

Achei sua postura muito curiosa, porque ele não tinha dinheiro e não sabia falar inglês. Como podia ser o mais importante dos três?

- É verdade que não sou o dono da grana e nem domino o inglês. Mas nenhum dos meus sócios tem a visão comercial que eu tenho. Se eu não entrar nesse negócio, o investidor continuará com seus recursos e o professor com seus talentos. Juntos podemos crescer, vencer e lucrar.

Fiquei tão surpreso, impactado e emocionado com aquele discurso que assinei o contrato. Fiquei admirado com sua paixão, sua garra e seu desejo de expansão. Em pouco tempo, Ponce fez seu projeto se tornar a maior escola de idiomas de Campo Grande. Em seguida conquistou a liderança do seu estado. Mais tarde foi convidado para ocupar uma importante posição no nosso quadro de executivos na matriz. Essa experiência me ensinou que o dinheiro é muito importante para qualquer negócio, mas não é o fator mais importante. Tem muito mais valor um empreendedor que tenha uma visão comercial, capacidade para aglutinar e motivar pessoas, além de garra para buscar alcançar seus objetivos.

# BOM ATENDIMENTO É DIFERENCIAL COMPETITIVO NO BRASIL

Tenho o hábito de colecionar frases e pensamentos motivacionais. Possuo em minha biblioteca vários livros de frases que sempre consulto para me inspirar. Também fico atento ao que as pessoas me dizem e guardo comigo aquilo que falaram e me ensinaram. Não importa se a frase que me encantou foi dita por um empresário bem-sucedido ou por uma recepcionista de um consultório médico. Por exemplo, enquanto revisava esse livro antes da impressão, eu estava a bordo de um voo rumo à China. Na hora de dormir, a aeromoça me entregou um cartão da companhia aérea com essa frase: "Você sabe que está apaixonado quando descobre que a realidade é melhor que o sonho". Adorei essa frase. Os anos me ajudaram a formular minhas próprias frases que acabaram se tornando dogmas de gestão das empresas que conduzo. Uma de minhas favoritas diz assim: "Devemos atender o cliente com prontidão, excelência e alegria". É esse tratamento que espero que todos meus colaboradores ofereçam aos nossos clientes. Também espero receber esse tratamento sempre que vou a uma loja para comprar algo de que necessito ou contrato algum serviço. Quero ser bem atendido por um ótimo vendedor e que ele demonstre alegria ao desempenhar sua atividade. Mas confesso que não é comum receber esse tratamento. Infelizmente o bom atendimento ao cliente não faz parte da cultura empresarial brasileira. Muitas vezes entro numa loja e me sinto como o cliente invisível. Vejo dois ou três funcionários conversando, mas me ignoram por completo. Não há sensação pior para um consumidor disposto a efetuar uma compra. Não importa qual negócio você tenha ou pretenda ter, se apenas tiver o atendimento diferenciado como um dos principais valores de sua empresa, você já estará muitos passos à frente de sua concorrência.

Sem contar que é muito comum no Brasil algumas empresas adotarem uma posição mais paternalista em relação a alguns colaboradores. Já testemunhei várias demonstrações desta 'postura'. Em uma das visitas ocultas que costumava fazer às escolas, fui atendido por uma recepcionista nada amigável. Perguntei sobre o franqueado e ela disse que ele não estava. Questionei se sabia o horário que ele retornaria. Não sabia. O desinteresse estava estampado em seu rosto. Mesmo assim, resolvi insistir:

— Você recomenda que eu espere por ele?

— Você é quem sabe — respondeu.

Fiquei indignado. Mesmo assim, decidi aguardar o franqueado chegar. Ele demorou, mas apareceu. Foi solícito e me convidou para irmos à sua sala. Mal sentei na cadeira, fui logo dizendo:

— Meu amigo, você tem um grande problema na sua recepção.

Ele me olhou preocupado. Afinal, o dono da franquia estava dizendo que algo não estava tão bem quanto ele imaginava.

— Por que você está dizendo isso, Carlos?

— A moça que me atendeu não gosta do que faz. Não sorri. Não conversa com quem pede informações. Responde tudo com má vontade. Suas respostas só geram dúvidas. Em momento algum demonstrou interesse sobre o que vim fazer aqui, quem eu era, o que eu queria e como ela podia me ajudar.

— Carlos, eu sei que ela não é a melhor pessoa para ficar na recepção da escola, mas gostaria de confidenciar a você que essa moça tem uma história de vida muito dura. Ela perdeu o pai quando ainda era criança, a mãe está doente e acamada, tem vários irmãos pequenos e ela é a única que trabalha na família. Ela não pode perder o emprego.

— Deixa ver se eu entendi bem — disse. Então você está dizendo que a razão de contratar essa jovem para atender seus clientes é porque você faz um ato de caridade?

— Exato. Sim, é pura caridade.

— Meus parabéns, meu caro amigo. Você tem um coração de ouro. Sua solidariedade com a moça é tocante. Estou até emocionado. Mas eu quero lhe dar uma sugestão. Para o seu bem, o da escola e o dela.

— Sim, estou ouvindo. Pode falar.

— Você precisa demitir essa jovem.

— Mas se ela perder o emprego vai ficar desamparada.

— Fique tranquilo. Ela não vai passar necessidade por duas razões. Primeiro ela vai passar a receber salário-desemprego. Ao mesmo tempo, você continuará a pagar o salário dela como se permanecesse sendo sua funcionária. Uma espécie de doação para ajudá-la. Ela vai poder ficar em casa cuidando da mãe e dos irmãos e terá recursos para comprar remédio, alimentos e outras despesas. Se sua intenção é fazer caridade, faça isso. E daí você vai contratar uma recepcionista profissional para atender e fidelizar seus clientes e para atrair nova clientela. Dessa forma, vai ganhar mais dinheiro e terá condições de fazer caridades ainda maiores. Contrate uma boa profissional para o lugar dela. Uma moça sorridente e que tenha disposição de ir atrás da informação pedida pelo cliente. Vai fazer bem ao seu negócio, aos seus colaboradores e clientes.

Felizmente, o franqueado atendeu a minha sugestão e não se arrependeu da decisão. Algumas pessoas são por natureza mais retraídas e introvertidas e algumas empresas precisam de colaboradores com esse perfil para cumprir um determinado trabalho. Vou exagerar um pouco no exemplo. Ele ou ela podem muito bem trabalhar numa funerária, pois nesse ambiente é ótimo contar com alguém com esse perfil mais retraído, uma vez que vai ao encontro daquilo que os clientes da funerária esperam. O cliente está sofrendo pela perda de seu ente querido e não quer ser atendido por alguém sorridente, com alegria transbordante. Ao contrário, espera que o indivíduo tenha uma postura sóbria e que demonstre um pouco de solidariedade naquele momento de dor. Devo ressaltar mais uma vez: é preciso colocar a pessoa certa na função certa.

# AS PESSOAS NÃO SE MOTIVAM PELAS MESMAS COISAS

Essa questão de ter a pessoa certa na função certa é fundamental, pois ninguém jamais construiu algo grandioso sozinho. Se você decidir procurar no universo corporativo o exemplo de um indivíduo que criou uma grande empresa sem o auxílio de muitos colaboradores, jamais o encontrará. Pode citar qualquer nome. Aos poucos você perceberá que desde o início de seu projeto ele precisou de pessoas ao seu lado. O empreendedor sábio sempre estará cercado de profissionais que contribuem com seu talento e dedicação para que o seu negócio cresça e prospere. Por essa razão, uma das principais características do indivíduo que está à frente de uma empresa é a automotivação e a busca constante por talentos empresariais. O bom gestor é aquele que investe boa parte do seu tempo na motivação e qualificação de seu pessoal.

Vale salientar, no entanto, que cada colaborador é motivado de maneira diferente. Por essa razão você precisa de tempos em tempos avaliar, medir o nível de motivação da equipe e descobrir como pode estimulá-la e fazer com que se sinta reconhecida pelo trabalho que vem desenvolvendo. As equipes comerciais são tradicionalmente motivadas por premiações. Há quem sonhe em fazer uma viagem internacional, em comprar um carro novo ou mesmo ganhar uma soma extra de dinheiro para gastar do jeito que bem entender. Ao descobrir o que cada pessoa da equipe almeja, fica mais fácil motivá-las e definir metas específicas que as levem a conquistar seus sonhos.

Mas não basta apenas dar metas para sua equipe. Você precisa criar mecanismos de avaliação para saber como ela está se saindo. As metas estão sendo perseguidas? Quais já foram alcançadas? Quais aquelas que vêm oferecendo maiores dificuldades? É preciso reavaliar e redimensionar as metas? O que você pode fazer para ajudar a equipe? É possível oferecer treinamentos dependendo das deficiências apresentadas? Há uma infinidade de maneiras de avaliar o desempenho dos funcionários. Algumas metodologias são complexas e envolvem definição de indicadores, sessões de *feedback* com o chefe direto, análise dos números, identificação dos pontos fortes e fracos de cada colaborador, validação da nota dada por um comitê para evitar injustiças etc. Particularmente, eu prefiro adotar uma metodologia simples, pois além de permitir mais rapidez na análise, fica mais fácil para o funcionário compreender os critérios, eliminando assim aquele sentimento de injustiça ou favoritismo que geralmente surge durante os processos de avaliação.

Ao avaliar colaboradores de qualquer empresa, eu cheguei à conclusão de que vamos encontrar basicamente quatro perfis distintos de profissionais:

O primeiro é aquele que tem potencial grande de crescimento, mas que vem apresentando um resultado abaixo do esperado. Em geral representa 20% do seu

As pessoas são mais motivadas por valorização e reconhecimento do que por remuneração.

pessoal. Quando você identifica esse tipo de profissional, o melhor a fazer é treiná-lo, qualificá-lo e dar todo o apoio necessário para que seu desempenho seja proporcional ao seu alto potencial. Contudo, não dá para esperar indefinidamente esse talento justificar sua manutenção na equipe. Defina um prazo, que pode ser de alguns meses ou até mesmo um ano, para que ele melhore sua performance. Se após esse período e todo o treinamento oferecido nada acontecer, a solução é bastante simples: o desligamento.

O segundo grupo de colaboradores é aquele que está na empresa já há algum tempo e seu desempenho se mantém baixíssimo. E o pior: você também observou que ele não tem potencial de fazer muito mais do que anda fazendo. Em geral representam 10% dos colaboradores da empresa. Nesse caso, quem falhou? Sim, foi a área de recursos humanos, que não soube selecionar o candidato adequado para aquela vaga. Nesses casos, a solução também é simples: demissão.

Há também um terceiro grupo de colaboradores que apresentam bom resultado e atendem à expectativa da empresa. Todos gostam e aprovam sua atuação, porém eles têm potencial baixo de crescimento. Em geral, 50% dos funcionários de todas as empresas se encaixam nessa categoria. São eficientes naquilo que fazem, mas não irão muito longe em suas respectivas carreiras. Numa de minhas empresas havia um porteiro nessa categoria. Seu trabalho era identificar os visitantes, abrir e fechar o portão com o auxílio de um controle remoto para os carros que entram e saem. Passava o dia basicamente apertando os botões do controle em sua mão, abrindo e fechando o portão. Como estava há muito tempo na empresa, decidi lhe oferecer uma oportunidade para ter uma qualificação melhor e se tornar um agente patrimonial. A responsabilidade e o salário seriam bem maiores. Para minha surpresa, ele agradeceu a proposta mas disse que estava feliz na sua função. Não queria mudar de atividade mesmo que isso representasse um ganho maior no final do mês. Seu sonho era se aposentar na função de porteiro. Todas as empresas possuem esses colaboradores. Eles são muito importantes, pois cumprem com precisão suas responsabilidades. São fiéis, vestem a camisa da empresa e se relacionam bem com seus colegas. Permanecem na organização porque fazem bem o seu trabalho, embora seu nível de ambição seja praticamente zero. Você dificilmente encontrará nesse grupo de profissionais alguém com vontade de evoluir profissionalmente. Mas tudo bem, isso faz parte de conduzir uma empresa com diversos colaboradores e ajudar cada um a atingir os objetivos pessoais e coletivos.

Por fim, o quarto grupo de funcionários é aquele que apresenta desempenho acima da média e, mais importante ainda, demonstra potencial para fazer muito mais. Parece perfeito, não é mesmo? É ótimo ter gente assim em sua equipe? Sim, é excelente, mas não é nada fácil lidar com esse perfil. Esses colaboradores querem crescer rapidamente e desafiam constantemente o sistema. Em algumas situações isso é bastante positivo, mas em outras pode ser perigoso. Eles podem, sem você perceber, exercer uma forte influência nos demais funcionários, muitas vezes ocupando uma posição que é a do dono do negócio. São tão competentes e inovadores que têm dificuldades para seguir métodos, sistemas e regras preestabelecidas. Não os encare como uma ameaça. Ao contrário. Traga-os para bem perto de você para que progridam, se desenvolvam e conquistem novas posições. Se vocês estiverem bem alinhados, os dois lados saem ganhando. Infelizmente menos de 10% dos colaboradores se encaixam nesse perfil.

# A VIDA APÓS O SUCESSO FINANCEIRO

Sou uma pessoa como outra qualquer. Tenho plena convicção de que o sucesso financeiro que adquiri não me torna melhor e nem pior do que meus semelhantes. Tenho meu jeito de ser, minhas crenças, minha forma de trabalhar e de pensar os negócios, uma maneira de me relacionar com meus colaboradores, clientes e parceiros. Não nasci com esse modelo mental já pronto. Ele foi sendo desenvolvido e moldado ao logo dos anos, com as experiências vividas, os tropeços, as decisões acertadas e erradas que tomei. Apesar disso, muita gente me olha como se eu fosse um ser dotado de poderes especiais pelo fato de ter conseguido me tornar um empreendedor de sucesso em vários setores. Fica a impressão de que tudo que toco vira ouro. Mas não é bem assim. Pelo contrário, cada vez que preciso sair de casa e não encontro a chave do carro ou meus óculos, me lembro de minhas limitações pessoais. Como você percebeu ao longo dos capítulos anteriores, minhas conquistas foram resultado de trabalho duro e persistente. Cometi muitos erros. Não tenho poder mágico algum. Não basta apenas querer que algo aconteça para já dar o dito como feito. Se eu não fizer nada para um determinado projeto se tornar realidade, ele permanecerá no papel para sempre.

A imagem de empreendedor bem-sucedido faz com que as pessoas tenham a convicção de que posso resolver todos os problemas delas. Ou pelo menos aqueles mais urgentes. Por essa razão sou constantemente assediado em aeroportos, restaurantes ou num *shopping*. São indivíduos querendo minha ajuda de alguma maneira. Explico sempre que não tenho soluções para tudo. Mas nem sempre quem me aborda compreende meus argumentos.

Certa vez fui convidado para fazer uma palestra em Ribeirão Preto. Após minha apresentação houve uma sessão de perguntas e respostas. Um jovem presente fez a seguinte pergunta: "Sr. Carlos, muitos aqui são ainda estudantes. Você já percorreu a estrada que leva ao sucesso. Você poderia compartilhar conosco alguns desafios que você enfrenta devido a essa condição?" Sem ter pensado previamente nesta pergunta, respondi: "Quando você se tornar um empresário vitorioso, você deve estar pronto para enfrentar cinco situações no seu dia a dia":

–Diariamente você receberá pelo menos um email ou contato pelo Facebook de alguém pedindo dinheiro emprestado. Pode ser um parente, um amigo ou até mesmo um desconhecido. Afinal, pensam eles, se você tem dinheiro sobrando, certamente poderá disponibilizá-lo para aqueles que não tiveram a mesma sorte. Não vai lhe fazer falta, não é mesmo?

Segundo, todos os dias alguém vai lhe enviar também uma mensagem pedindo uma vaga de emprego. Por comandar uma ou várias empresas, certos indivíduos acham que você deve contratar alguém sempre que lhe solicitarem, não importando se a pessoa em questão tem ou não as qualificações necessárias para fazer parte do seu time de colaboradores ou se existe ou não a necessidade de alguém com aquele perfil na equipe.

Em terceiro lugar, prepare-se também para aqueles que inevitavelmente baterão à sua porta oferecendo para se tornarem seus sócios. Alguns aparecerão com algum projeto nas mãos garantindo que aquele negócio, que na maioria das vezes nem saiu do papel, é a maior oportunidade que você terá na vida. Dirão até que será algo mais lucrativo do que as suas próprias empresas. É bom você saber que, após dar uma resposta negativa, alguns desses "empreendedores" se sentirão ofendidos. "Como você não enxerga meu projeto como se fosse ouro em pó?", dizem alguns. "Fique sabendo que você está deixando de ganhar muito dinheiro", afirmam outros.

Em quarto lugar, aparecerá também com frequência diante de você alguém querendo lhe vender uma empresa maravilhosa. Você escuta o que a pessoa tem a dizer. Ela faz sua apresentação sem muita convicção e não consegue responder a algumas perguntas básicas. Qual problema do mercado o seu produto ou serviço irá resolver? Qual o tamanho desse mercado? Quais são os principais concorrentes do seu negócio? O que o seu produto ou serviço tem de diferente em relação aos demais? Qual o investimento necessário? Como ela só tem a ideia na mente e nada de concreto nas mãos, fica sem saber o que dizer. Não sabe nem o que significa ter um plano de negócios, o famoso business plan.

Sou uma pessoa educada e atenciosa. Nessas ocasiões costumo explicar que não é possível dar ou emprestar dinheiro, oferecer um emprego sem ter a vaga disponível, me tornar sócio de empresas que existem somente no mundo imaginário e muito menos comprar algo que não sei bem o que é ou qual a sua utilidade. Nem sempre essas pessoas entendem minha posição. Algumas se ofendem, levam para o lado pessoal. Quem procura um empreendedor para investir no seu negócio deve fazer a lição de casa. Ter todos os detalhes analisados, saber como será o seu crescimento, quais os possíveis riscos, como fazê-lo ganhar escalabilidade.

E finalmente, quando você chegar ao topo do sucesso, receberá com frequência a oferta de um produto ou serviço exótico. Irão lhe oferecer o último modelo de avião executivo, ou de um helicóptero, ou de um iate capaz de dar a volta ao mundo, ou ainda de uma ilha com toda a infraestrutura para você gozar umas férias paradisíacas nos mares mais cristalinos do mundo. Enfim, você terá que saber lidar com todas essas situações.

> ## NA VIDA FINANCEIRA VOCÊ TEM DOIS PROBLEMAS:
>
> ### 1. QUANDO VOCÊ NÃO TEM DINHEIRO.
> ### 2. QUANDO VOCÊ TEM DINHEIRO.

Como você pode perceber, a jornada para você se tornar uma pessoa próspera, rica, milionária ou bilionária é longa e árdua. Porém, ao chegar lá, vai constatar que seus problemas não acabaram. Preservar o seu patrimônio e garantir a segurança de suas futuras gerações se tornam uma preocupação permanente. Todos nós já ouvimos histórias de alguns sortudos que tiveram a felicidade de ganhar na Mega Sena, mas perderam tudo com o tempo e devido à falta de planejamento e orientação especializada.

Você é um empresário e não um especialista na área de investimentos. Há no mercado profissionais especializados em gerenciamento de grandes fortunas. Sabem quais as melhores opções de investimento e como, quando e onde investir para assegurar a perpetuação de seu sucesso financeiro.

Quando você tiver uma grande soma de recursos disponível para investimento, em geral os especialistas aconselham a divisão dos recursos em três partes:

• Um terço do dinheiro deve ser investido em moeda forte como o dólar ou euro. É um investimento considerado conservador pelos especialistas.

• É recomendável que o segundo terço dessa "pizza" seja destinado a investimentos em imóveis comerciais e com capacidade de gerar renda imediata. Atualmente invisto no setor de Real Estate, que me permite ter ganhos com o aluguel de imóveis como galpões para empresas de logística altamente qualificadas. Também é apontado como investimento conservador.

• O terceiro terço depende do perfil da família. Se, além do fundador, há outros membros com perfil empreendedor, essa parte da "pizza" deve ter como destino investimentos nos negócios atuais para fazê-los crescer e em novos empreendimentos.

● ● ●

# DINHEIRO TRAZ FELICIDADE?

Você não tem ideia, amigo leitor, do número de vezes que ouvi essa pergunta. Mais do que uma simples curiosidade, as pessoas querem saber se elas só serão felizes na vida se forem milionárias. Eu digo que não. Dinheiro não traz felicidade, dinheiro traz facilidades. Traz conveniências, traz conforto. Quando sua conta bancária é recheada, tudo fica mais fácil. Você tem acesso aos melhores médicos e hospitais, pode bancar tratamentos médicos caríssimos, viajar de primeira classe para onde quiser, comprar o carro mais caro e confortável já fabricado no mundo, morar numa mansão, dar um carro ou uma casa de presente a um parente ou amigo. Depois de chegar ao topo do sucesso descobri que o dinheiro pode lhe trazer conforto, facilidade e comodidade, mas somente as pessoas podem lhe trazer a felicidade; pessoas que fazem a diferença em seu dia, pessoas que o elevam, que o estimulam a conquistar grandes realizações, pessoas que fazem seu coração bater mais forte, pessoas que lhe transmitem um sentimento de bem-estar e paz interior.

Além disso, há valores que todo o dinheiro do mundo não pode comprar, como o sorriso de um neto, um bate-papo tranquilo com meus filhos num final de semana ou simplesmente acompanhar a família à igreja nas reuniões de domingo. Tudo isso me traz uma sensação de grande felicidade. Os valores básicos não mudam para quem tem dinheiro. São eternos. Se você comprometer sua vida pessoal para priorizar a vida profissional, pode se tornar uma pessoa independente financeiramente, mas também um indivíduo infeliz. Em outras palavras: será um rico frustrado. Por outro lado, há muita gente com poucos recursos financeiros e que são plenamente felizes pelo simples fato de saber que são as pessoas que trazem a felicidade.

Os jornalistas frequentemente perguntam o que mudou em minha vida depois que me tornei bem-sucedido empresarialmente. Na prática – respondo sempre – mudou muito pouco. Só consigo vestir uma camisa e uma calça de cada vez. Faço minhas refeições como qualquer um. Mas os jornalistas são persistentes. Querem detalhes do que consigo fazer agora que não conseguia fazer antes. Buscam por extravagâncias. Acham que troco de carro todo ano, por exemplo. Não é verdade. Tenho vários carros, mas não entro nessa corrida maluca de trocar de veículo todo ano. Enquanto estiverem atendendo as minhas necessidades, fico com eles. Outra fantasia é imaginar que promovo festanças todos os meses. Nada disso. Procuro levar a vida sem extravagância ou ostentação.

Como você pode ver, o que muda na prática quando você se torna próspero é ter acesso livre, a qualquer momento, aos produtos e serviços que desejar. Mas isso não significa felicidade. No meu caso, despendo um tempo considerável em atividades ligadas à própria igreja. Isso me dá um norte, uma direção e uma segurança. Como *hobby*, assumi também o estudo do mandarim que me realiza e abre janelas de oportunidades num mercado potencial de um bilhão e meio de consumidores.

Dinheiro lhe traz facilidade,
somente as pessoas podem
lhe trazer felicidade.

# 12

## MENTE, CORPO E ESPÍRITO EM EQUILÍBRIO

# EMOÇÕES EM EQUILÍBRIO

O mundo corporativo coleciona histórias de empreendedores talentosos e visionários que naufragaram porque não conseguiram manter suas emoções equilibradas. Tomaram decisões baseadas em emoções como raiva ou medo. Agiram de forma explosiva, quando o melhor era ter se comportado de forma serena e calma. Uma pessoa desequilibrada emocionalmente é como uma bomba-relógio armada. Pode explodir a qualquer momento e fazer enormes estragos. Só age de forma equilibrada quem gosta de si mesmo. Em outras palavras: você precisa ter autoestima elevada, caso contrário não terá forças para cuidar do seu bem-estar. Se você for a um parque qualquer, poderá observar que as pessoas que correm ou caminham para manter a forma física têm boa autoestima. Mesmo com o esforço para cumprir a atividade física, é fácil perceber em seus rostos que estão felizes e curtindo aquele momento. Se você anda deprimido, pode buscar a ajuda de um médico ou fazer terapia. O importante é que você se sinta bem, pois só assim encontrará forças para praticar atividade física e se sentir melhor, mais forte e preparado para os desafios que surgirão pela frente. Escolha uma atividade de que goste. Eu, particularmente, faço exercícios numa academia de ginástica, pratico natação e adoro caminhar. É o que ajuda a me manter em forma e com a energia sempre renovada.

# BONS LIVROS ENRIQUECEM A MENTE E ALMA

Ler bons livros para mim é uma grande fonte de prazer. Não leio apenas livros de negócios, que são importantes e me ajudam dando *insights* aqui e ali. Já aprendi muito com livros de grandes empreendedores e biografias de personalidades. Mas gosto também de livros inspiradores, que me elevam e me fortalecem emocionalmente. A leitura enriquece seu vocabulário e isso possibilita maior cultura e melhor poder de argumentação para defender suas ideias e pontos de vista. Nunca o conhecimento esteve tão à disposição das pessoas como agora. Há uma infinidade de textos que podem ser lidos na internet sem custo algum. Grandes clássicos podem ser baixados em sites de domínio público. Não há desculpas para abrir mão da leitura.

Como já comentei aqui, tenho a minha biblioteca particular composta por livros que fui adquirindo ao longo da minha vida e que são importantes tanto para a minha formação quanto para minhas atitudes à frente dos negócios. Com frequência recomendo leituras aos meus filhos e executivos e também peço sugestões a pessoas que têm também o hábito de ler bons livros. Se você ainda não leu *Desperte o milionário que há em você* e *Sonhos não têm limites,* eu recomendo estas leituras, de minha autoria, que vão lhe ajudar a expandir o seu potencial interior. Comece o quanto antes. O impacto em sua vida pessoal e profissional será enorme.

# SAÚDE EM DIA

Para ter qualidade de vida, cuido também da saúde e do meu condicionamento físico. Preciso que o meu corpo esteja bem para que possa trabalhar com saúde e com toda a capacidade mental e física que tenho. Para você conquistar a boa forma, a saúde e o equilíbrio físico são necessários basicamente dois aspectos. O primeiro deles é ter consciência de que comemos para viver – e não o contrário. Há quem viva só para comer. Conheço pessoas que passam o tempo todo atrás de algum tipo de alimento. Nunca estão satisfeitas. E para quem vive assim, vale qualquer tipo de alimento para saciar seu desejo, incluindo uma série de produtos que não contribuem em nada para a saúde. Cheguei aos 60 anos e considero que tenho o peso ideal. Gosto de comer bem, o que não significa comer em exagero. Para mudar esse comportamento compulsivo é preciso compreender que o alimento tem a função de gerar energia para o organismo. O nosso corpo reage de acordo com aquilo que comemos. É como colocar combustível num automóvel. Portanto, não faz sentido colocar mais gasolina com o tanque cheio, não é mesmo? Ou então abastecê-lo com combustível de má qualidade, não é mesmo? Certa vez, ao me ver almoçando um belo prato de salada, minha filha Thais, à época com 10 anos, perguntou se eu comia salada todos os dias porque era gostoso ou porque fazia bem. Respondi que era porque me fazia bem. E completei: "É claro que um chocolate é mais gostoso, mas a alface me faz bem. Se for comer todos os doces que quero, vou ter sérios problemas de saúde". Ela sorriu e disse que eu estava certo. Hoje ela ensina o mesmo hábito para seus filhinhos. Ter consciência de que ao se alimentar você está abastecendo o seu corpo com energia é fundamental para a mudança do hábito alimentar.

O segundo aspecto é estar consciente de que você tem total liberdade de escolha. Pode comer alimentos saudáveis ou então partir para o outro extremo e só consumir produtos que fariam qualquer cardiologista ficar aterrorizado. Não há como responsabilizar outra pessoa por suas escolhas. É você quem decide o que come ou não. Faça uma lista com os alimentos que você precisa ter em sua mesa e uma outra lista com aqueles que devem ser deixados de lado. Procure ter disciplina para não abrir mão da sua escolha acertada.

# ESPÍRITO EM HARMONIA

Ao longo deste livro você certamente constatou o quanto acredito na influência do poder divino em minha trajetória pessoal, profissional e familiar. Não tenho a menor dúvida de que Deus esteve ao meu lado e me estendeu a mão para vencer cada etapa de minha ascensão empresarial. Sem o auxílio divino, nada do que conquistei e construí teria sido possível. Mesmo que fosse o mais talentoso empreendedor do mundo e dono do maior império de empresas do planeta, sem Deus ao meu lado jamais conseguiria me sentir feliz e realizado como sou agora. Seria um ser vazio. Sem alegria. Sem alma. Quando você tem essa convicção no poder divino nada o desvia do seu caminho.

Gosto muito do filme *Um violinista no telhado*, que conta a história de Tevye, um leiteiro judeu de um vilarejo russo. Ele e os demais judeus são obrigados a obedecer a ordem do czar de deixar o país e viverem no exílio. Tevye costumava entregar leite de casa em casa na vila de Anatveka. Para piorar a situação, certo dia o cavalo que ele utiliza para puxar a carroça e entregar o leite adoece. A vida dura, com poucos recursos, faz com que o leiteiro e sua família enfrentem enormes dificuldades. Num determinado momento da história, Tevye está puxando ele mesmo a carrocinha do leite e inicia uma conversa com Deus. Abre seu coração e questiona: por que não foi abençoado com uma vida mais abastada. Por que não era um homem rico? Por que tanta pobreza? Se ele tivesse uma fortuna, isso de alguma forma atrapalharia os planos de Deus?

Quando estava em dúvida sobre qual negócio investir, tive uma conversa parecida com Deus. No primeiro capítulo deste livro contei como recebi a inspiração divina dizendo qual seria o melhor caminho para os meus negócios. Foi numa viagem que fiz de Curitiba para Mogi Guaçu enquanto Vânia, Charles, Lincoln e Thaís dormiam no banco traseiro do veículo. Agora vou dar mais detalhes da conversa que tive com o Criador naquele 1° de maio de 1987. Da mesma forma que Tevye, o personagem do filme, perguntei: "Meu Deus, será que se eu ficar rico atrapalhará seus planos? Tenho aqui comigo uma lista que escrevi com dez alternativas de empreendimentos. Qual o Senhor considera o mais adequado para mim? Por favor, me ajude a enxergar o caminho." A resposta veio de maneira cristalina: "Carlos, você deve atuar na área da educação, na formação de pessoas." Eu já estava dando minhas aulinhas de inglês para complementar o orçamento doméstico e não conseguia ver um grande potencial pela frente. Portanto, perguntei: "Mas como ficarei próspero dando aulas de inglês?" Mais uma vez senti a inspiração divina me orientando. "Não se trata de uma escola apenas, mas de uma rede de escolas. Você vai precisar desenvolver um método de ensino, uma marca, buscar alunos e professores, e oferecer treinamento a todos e você terá o sucesso que tanto deseja." Ainda no espírito de indagação perguntei: "Mas como farei tudo isso?" E a resposta dada foi um versículo da Bíblia.

Mateus 7:7 *Pedi e recebereis, buscai e achareis, batei e abrir-se-vos-á.*

Naquele dia, dirigindo pela BR 116, a Rodovia Régis Bittencourt, Deus me abençoou com a inspiração que eu mais precisava. Ele me deu o rumo, uma direção, um caminho. Com a capacidade intelectual e mental pouco desenvolvida que tinha naquela época, jamais conseguiria realizar tudo o que fiz ao longo da vida, como lançar novos projetos, abrir empresas, formar parcerias, montar equipes de alta performance, expandir negócios... Deus me deu o talento, os meios e os recursos para alcançar o sucesso.

Há uma passagem da Bíblia que relata a parábola dos talentos. Relata a história de um homem que partindo de suas terras, chamou seus servos, e lhes entregou seus bens. Vale a pena transcrever a passagem que se encontra em Mateus 25:

*E a um deu cinco talentos, e a outro dois, e a outro um, a cada um segundo a sua capacidade, e ausentou-se logo para longe.*

*E, tendo ele partido, o que recebera cinco talentos negociou com eles, e granjeou outros cinco talentos.*

*Da mesma sorte, o que recebera dois, granjeou também outros dois.*

*Mas o que recebera um, foi e cavou na terra e escondeu o dinheiro do seu senhor.*

*E muito tempo depois veio o senhor daqueles servos, e fez contas com eles.*

*Então aproximou-se o que recebera cinco talentos, e trouxe-lhe outros cinco talentos, dizendo: Senhor, entregaste-me cinco talentos; eis aqui outros cinco talentos que granjeei com eles.*

*E o seu senhor lhe disse: Bem está, servo bom e fiel. Sobre o pouco foste fiel, sobre muito te colocarei; entra no gozo do teu senhor.*

*E, chegando também o que tinha recebido dois talentos, disse: Senhor, entregaste-me dois talentos; eis que com eles granjeei outros dois talentos.*

*Disse-lhe o seu senhor: Bem está, bom e fiel servo. Sobre o pouco foste fiel, sobre muito te colocarei; entra no gozo do teu senhor.*

*Mas, chegando também o que recebera um talento, disse: Senhor, eu conhecia-te, que és um homem duro, que ceifas onde não semeaste e ajuntas onde não espalhaste;*

*E, atemorizado, escondi na terra o teu talento; aqui tens o que é teu.*

*Respondendo, porém, o seu senhor, disse-lhe: Mau e negligente servo; sabias que ceifo onde não semeei e ajunto onde não espalhei?*

*Devias então ter dado o meu dinheiro aos banqueiros e, quando eu viesse, receberia o meu com os juros.*

*Tirai-lhe pois o talento, e dai-o ao que tem os dez talentos.*

*Porque a qualquer que tiver será dado, e terá em abundância; mas ao que não tiver até o que tem ser-lhe-á tirado.*

*Lançai, pois, o servo inútil nas trevas exteriores; ali haverá pranto e ranger de dentes.*

Mateus 25:15-30

É uma passagem belíssima. Deus nos dá talentos e habilidades para que possamos multiplicá-los e ir atrás dos nossos sonhos e objetivos. É um erro ignorar ou abrir mão desses talentos, pois você estará condenado a jamais conquistar aquilo que tanto deseja. Passará toda a vida frustrado e infeliz. Você sabe quais são os seus talentos? Sabe como colocá-los em prática e contribuir para a construção de um mundo melhor? Se ainda não descobriu, busque a inspiração divina e você receberá uma resposta.

Cada pessoa deve buscar a sua forma de se comunicar com Deus. Aquela com a qual se sinta mais tranquilo e proporcione a inspiração necessária para elevar seus pensamentos ao Pai. Eu, particularmente, faço minhas orações diariamente. Mas além dessa rotina, em que agradeço pela minha vida e a de meus familiares, tenho outros dois momentos especiais ao longo da semana em que busco uma proximidade maior. A primeira delas é a reunião familiar que promovo toda segunda-feira no período da noite para a leitura da Bíblia e do Livro de Mórmon. Nessas ocasiões, juntamente com minha esposa e meus dois filhos adolescentes, lemos uma passagem, conversamos

Deus espera que você desenvolva
e multiplique seus talentos.

sobre ela e refletimos sobre como podemos aplicar aquele ensinamento em nosso cotidiano. Quando oro sinto que falo com o Pai Celestial, quando leio as escrituras sinto que Deus se comunica comigo através das palavras inspiradas que me servem de conforto, orientação e paz interior.

O outro momento da semana que considero especial para me aproximar da bondade infinita de Deus é a participação nas reuniões que acontecem aos domingos na Igreja de Jesus Cristo dos Santos dos Últimos Dias. Nesses encontros não há distinção das pessoas por nível, cor de pele, gênero, princípios políticos, grau de instrução ou condição financeira. Todos se igualam e estão desprovidos de qualquer valor material. Há alguns anos Charles foi fazer um curso na universidade de Harvard e passou alguns meses em Boston, nos Estados Unidos. Num domingo, enquanto estava na reunião dominical da igreja, percebeu que uma pessoa de terno e gravata se sentou ao seu lado. Quem era ele? Era Mitt Romney, empresário e político que se candidatou à presidência americana em 2012. Como qualquer membro da igreja, ele dedicava parte do seu tempo a orar, fortalecer sua fé e se aproximar de Deus. Apesar de ser um homem influente e poderoso, não se isolou dos demais presentes. Ao contrário: participou normalmente das classes da escola dominical. Estar presente na igreja é a forma que temos para nos fortalecer espiritualmente e servir ao Criador através de servir ao próximo.

Ao visitar tantos países diferentes, me deparei com cristãos, judeus, muçulmanos, budistas. Respeito a todos. O mais importante é seguir uma vida de fé, acreditar num ser superior e agir conforme seus ensinamentos, amando e respeitando os seus semelhantes.

Certa vez parei num posto de gasolina para abastecer o carro e o frentista que me atendia me fez uma pergunta inesperada. Ele disse:

- O senhor é religioso?

Como não esperava aquele tipo de questionamento feito por um desconhecido num posto de gasolina, levei alguns segundos processando meus pensamentos.

- Sim, sou religioso – respondi.

- Então me responda: o que é a religião para o senhor?

Pensei mais um pouco e respondi fazendo uma comparação com um carro:

- Para mim a religião é como uma direção e um freio.

O frentista ficou me olhando sem entender bem a comparação. Talvez esperasse algo mais profundo e categórico, não uma resposta tão simplória.

- Não entendi bem o que o senhor está querendo dizer. O senhor poderia explicar? Então complementei:

- A religião é uma direção porque aponta o caminho, o rumo que devemos tomar na vida para que sejamos felizes e realizados.

- E por que é um freio? – ele perguntou.

- A religião é um freio porque faz com que você pare no meio da correria do dia a dia, pense e reflita sobre suas escolhas. Assim a religião o protege de muitas coisas ruins que a vida oferece e evita que acidentes graves de percurso aconteçam em seu caminho.

O rapaz pareceu satisfeito com o que ouviu. Talvez ele tenha o hábito de fazer essa mesma pergunta para os demais clientes e tenha ouvido as mais variadas respostas. Jamais esqueci aquele episódio singelo e quanto mais penso a respeito da resposta espontânea que dei, mais acredito que foi uma resposta inspirada. A religião e a fé nos protegem e nos guiam.

Uma das formas mais belas de servir a Deus é auxiliar alguém necessitado, fragilizado ou que vem enfrentando duros sofrimentos na vida. Quem age de forma a ajudar o seu semelhante deve fazê-lo desprovido de qualquer vaidade e ter disposição e generosidade ao se aproximar das pessoas.

Quem tem um compromisso espiritual com Deus tem uma atitude diferente. Colocamos em prática Seu ensinamento: "Amar ao próximo como a si mesmo". Por essa razão nós nos aproximamos mais. Valorizamos o convívio entre as pessoas. Estimulamos as reuniões familiares. Gostamos de conversar e de nos interessar por aquilo que cada um tem a dizer. É perfeitamente possível buscar esse equilíbrio entre o mundo material e o espiritual.

Faço parte de uma associação nos Estados Unidos que defende a liberdade religiosa. Essa entidade tem desenvolvido estudos interessantes sobre o universo corporativo. Um deles mostra que as empresas que se preocupam em promover a espiritualidade entre os funcionários apresentam importantes vantagens competitivas em relação àquelas que não adotam essa postura. Os funcionários demonstram maior capacidade de concentração e dedicação. O relacionamento com clientes e fornecedores é mais harmonioso e colaborativo. E os resultados financeiros são melhores. Há claramente um equilíbrio maior nessas empresas quando comparadas àquelas onde não há nenhum tipo de valorização do mundo espiritual.

Se você está disposto a ter uma vida mais próxima de Deus, comece agora. Busque uma religião com a qual você se identifique e procure dedicar parte do seu tempo às questões de ordem espiritual. Você perceberá que sua vida mudará para melhor. Muito melhor. Mas não faça como aquelas pessoas que só se dirigem a Deus em suas orações em momentos de desespero para pedir algo. O melhor é agradecer por tudo aquilo que você tem de bom em sua vida: sua família, seus bens, seus amigos, seu trabalho. Poucas pessoas se lembram de agradecer por aquilo que já têm. Há uma bela passagem da Bíblia que relata a visita de Jesus a uma vila onde viviam 10 leprosos. Ele curou todos, que foram embora muito felizes. Um deles, no entanto, voltou e disse a Jesus que retornara para agradecer o milagre que tinha recebido. Jesus perguntou: "Não foram 10 os limpos? E onde estão os outros 9? Não houve quem voltasse para dar glória a Deus, senão este estrangeiro? E disse-lhe: levanta-te, e vai; a tua fé te salvou." Agradeça sempre. E terá uma vida mais feliz e harmoniosa.

● ● ●

# 13

## POR QUE VOLTEI?

# UMA ADMIRAÇÃO OCULTA

Sempre serei grato a Deus por sua generosidade em me inspirar, me guiar e indicar o caminho a ser percorrido. É claro que eu precisava fazer a minha parte. Por anos lecionei a milhares de alunos, precisei desenvolver um método próprio de ensino, criar materiais didáticos para professores, elaborar manuais de operação de uma escola. De repente, me dei conta de que precisava deixar de pensar como professor e começar a pensar como empreendedor. Foi nesse ponto que a rede ganhou escala e se espalhou por todo o país através de uma rede com franqueados fortes, parceiros, amigos, companheiros de verdade, em busca de um objetivo comum. Sempre valorizei ao máximo o bom relacionamento entre os membros da rede e a empresa franqueadora. Afinal, são os queridos franqueados que ficam na linha de frente atendendo o cliente com prontidão, excelência e alegria. Sinto que sempre tive uma sintonia muito grande com os amigos franqueados. Sempre procuramos falar a mesma língua num clima de harmonia, interação e integração. É como se nos completássemos na missão contínua de expandir os negócios e atender às expectativas do cliente.

Enquanto isso, eu, como franqueador, lançava materiais com tecnologia de ponta desenvolvida em Israel e produzidos na China, fazia parceria com universidades americanas incluindo a Harvard Business Publishing, lançava campanhas publicitárias inovadoras para valorizar a escola e atrair o maior número de alunos para o sistema.

Minha satisfação empresarial foi plena quando conseguimos ensinar inglês às crianças ainda não alfabetizadas, quando conseguimos fazer com que alunos do ensino fundamental viajassem ao exterior e fossem tradutores dos pais que ainda não falavam inglês, quando alunos do ensino médio eram admitidos em universidades estrangeiras, quando executivos eram promovidos devido ao domínio da língua inglesa. Enfim, acima de toda recompensa financeira, o valor mais significativo é saber que mais de um milhão de pessoas a cada ano se beneficiaram com os cursos que passamos a oferecer em todo o país.

Uma das explicações para esse sucesso foi o fato de termos criado um modelo de fidelização para os alunos até completarem seus cursos. Todos os anos premiávamos os franqueados com o maior índice de fidelização de clientes. No entanto, sabíamos que tínhamos uma deficiência no sistema. Apesar de todo nosso empenho, não éramos a escola que mais matriculava novos alunos. Com frequência eu citava a Wise Up como a escola campeã de matrículas em nível nacional. De forma reservada, várias vezes eu perguntava aos franqueados: "O que nos impede de mantermos o alto índice de fidelização de clientes e matricular o mesmo número de alunos que a Wise Up matricula a cada mês?" Essa foi uma pergunta para a qual nunca chegamos a um consenso. O que eu não sabia na época é que nas sessões de treinamento da Wise Up havia um questionamento inverso: O que nos impede de continuarmos sendo campeões de matrículas e ao mesmo tempo campeões de retenção?

Gostaria de admitir que sempre fui um admirador oculto do empresário Flavio Augusto da Silva. Para mim, ele é um grande exemplo como empreendedor, comunicador, formador e motivador de líderes. Ele alcançou o topo do sucesso ao criar um modelo de negócios *premium* para quem quer aprender inglês de forma inteligente. E conseguiu realizar um feito incrível ao vender seu grupo em uma das maiores transações do Brasil na área de educação. Como empreendedor incansável que é, comprou o time de futebol Orlando City, fundou o Meusucesso.com, entre outras empresas. Apaixonado por educação, buscou manter seu projeto Geração de Valor, no qual inspira e desafia empreendedores todos os dias, ao interagir com profissionais que almejam empreender ou já se tornaram empresários. Através da plataforma Meusucesso.com, contribuí com a inspiração e a formação de novos empreendedores no nosso país, levando até eles o conhecimento e a experiência de empresários que realmente fizeram acontecer.

Como se não bastasse todo o caminho já percorrido, em um gesto de grande ousadia empresarial, Flávio Augusto recentemente recomprou e reassumiu a rede Wise Up, e retornou ao setor de educação com energia total. Como secretamente sempre mantive o desejo de retornar à área de ensino, que é a minha verdadeira paixão, depois da decisão do Flávio de voltar ao setor, o melhor aconteceu. Bastaram alguns encontros e conversas altamente inspiradoras para decidirmos nos unir. De modo que neste momento escrevo já como sócio de meu amigo Flávio Augusto da Silva. E o mais importante é que me sinto com a mesma energia, disposição e entusiasmo de quando comecei a dar minhas primeiras aulas visualizando um futuro brilhante e próspero pela frente. A pergunta que me move agora é: Se sem experiência, dinheiro e influência, conseguimos realizar tudo que fizemos nesse meio-tempo, o que será possível Carlos e Flávio realizarem juntos, com a experiência e os recursos acumulados como dois dos maiores empresários de educação desse país.

Neste momento, portanto, Flávio Augusto e eu assumimos juntos a rede Wise Up, com 250 escolas, porém com um plano de ação bem definido para atingir 1.000 escolas nos próximos 5 anos. Em um país em que apenas 2% da população fala o inglês fluentemente, ambos estamos comprometidos e certos de que podemos transformar o Brasil num país bilíngue. Acreditamos na capacidade de transformação das pessoas e que o domínio do inglês abre portas para o mundo dos negócios numa esfera global. Sabemos que a nova Wise Up irá além de beneficiar milhares de pessoas no desenvolvimento de seus talentos, contribuir promovendo a independência financeira de outros milhares de indivíduos que irão se associar a nós nesse projeto educacional.

Flávio Augusto e eu temos plena convicção de que essa nova fase de crescimento da Wise Up é inspirada por um plano divino. Temos gratidão no coração por esse momento empresarial que vivemos juntos. Estamos conscientes da imensa responsabilidade profissional, social e moral que repousa em nossos ombros. Porém, saber que não estamos sozinhos nesse empreendimento educacional nos transmite muita segurança, serenidade e confiança para levar avante os sonhos que um dia criamos.

Um dos grandes privilégios de ter alma empreendedora é este, saber identificar negócios que irão gerar oportunidades de sucesso, riqueza e bem-estar na vida de milhares de pessoas, criando um legado de prosperidade que vai muito além dos aspectos materiais.

Um dos grandes privilégios de ter alma empreendedora é este, saber identificar negócios que irão gerar oportunidades de sucesso, riqueza e bem-estar na vida de milhares de pessoas, criando um legado de prosperidade que vai muito além dos aspectos materiais.

Em nosso coração ecoa o trecho dessa canção muito significativa para ambos:

Eu voltei
Agora pra ficar
Porque aqui
Aqui é o meu lugar
Eu voltei pras coisas que eu deixei
Eu voltei

Carlos Wise Martins

# RUMO AO PRIMEIRO MILHÃO

Ao escrever este livro e contar os desafios que enfrentei para me tornar um empresário bem-sucedido, um dos meus objetivos foi mostrar a você que é possível trilhar esse mesmo caminho. Sair do zero, chegar ao seu primeiro milhão e depois buscar a casa dos bilhões de reais. Não tenho a pretensão de dizer que o caminho que escolhi é o único a ser trilhado. Há muitas histórias de empreendedores de sucesso com jornadas completamente diferentes. Cada pessoa tem liberdade para desenvolver seus projetos e realizar seus sonhos. Somos exatamente do tamanho de nossos sonhos. O maior desafio que você terá pela frente é o de acreditar no seu potencial interno e desenvolvê-lo. Todas as pessoas têm o seu potencial, mas boa parte delas não se dá ao trabalho de desenvolvê-lo. Passam a vida toda se lamentando e culpando algo ou alguém por nunca terem realizado um projeto, escrito um livro, iniciado um negócio. Mas quando avalia sua trajetória com isenção, percebe que nada fez para tornar realidade esses projetos, desejos ou sonhos. Bastou um obstáculo surgir no caminho para desistir.

Se você tem consciência da existência de uma força espiritual maior, isso lhe dará coragem e disposição para seguir em frente e acreditar em si mesmo apesar de saber das suas limitações. Ao olhar para trás e lembrar de onde veio e aonde chegou, ficará surpreso com o que conseguiu construir.

Desenvolva projetos que beneficiem você, a sociedade em geral, e que contemplem milhões de pessoas no mundo todo. Seja generoso com seu tempo, seus recursos, seus talentos. Com essa missão a guiá-lo você perceberá que sua existência será muito maior do que o tempo cronológico de sua vida na terra. Você terá deixado um legado para a sociedade. Para um empreendedor sonhador, nada pode ser mais importante.

# RIQUEZA OU POBREZA
# É UMA QUESTÃO DE ESCOLHA

Antes de terminar esse livro é importante que você tenha convicção se você realmente é um empreendedor. Para tanto, diariamente faça a si mesmo estas perguntas:

Que barreiras ou preconceitos preciso vencer sobre a riqueza antes de me tornar um milionário?

Se eu pudesse mudar apenas um aspecto de algo que está impedindo meu progresso, o que seria?

Se eu tivesse que cumprir apenas uma meta nos próximos 30 dias, que meta seria?

Como posso entregar mais valor para um número maior de pessoas num espaço menor de tempo?

Como posso dar mais de mim mesmo para meus clientes e parceiros de negócio?

Como posso melhorar a qualidade e quantidade de meu trabalho?

O que estou postergando fazer, mas se eu fizesse teria um grande impacto em minha vida?

Fiz tudo que podia fazer hoje para garantir minha prosperidade no futuro?

Que atitude em relação ao dinheiro preciso mudar para me sentir bem como um milionário?

Qual será meu maior propósito de vida ao me tornar um novo milionário?

# Anotações Gerais

189

# UM PRESENTE PARA VOCÊ

Receba gratuitamente o livro,

COMO MANTER UMA FAMÍLIA FELIZ

*Relacionamento conjugal
*Relacionamento pais e filhos
*Atividades em família
*Planejamento
*Comunicação
*Recreação

www.familiaeterna.net.br

Fonte Rotis, Papel Polen Soft